T0062054

EL HÁBITO DE LA INCREDULIDAD

Yong Kang Chan

EL HÁBITO
DE LA
INCREDULIDAD

**Cómo utilizar la duda para hacer
las paces con tu crítico interior**

URANO

Argentina – Chile – Colombia – España
Estados Unidos – México – Perú – Uruguay

Título original: *The Disbelief Habit*
Traducción: Rut Abadía

1.ª edición Febrero 2022

Copyright © 2021 *by* Yong Kang Chan
This edition has been licensed to Ediciones Urano for its publication
in Spanish through the mediation of Montse Cortazar Literary Agency
(www.montsecortazar.com)
All Rights Reserved
© 2022 *by* Ediciones Urano, S.A.U.
Plaza de los Reyes Magos, 8, piso 1.º C y D – 28007 Madrid
www.edicionesurano.com

ISBN: 978-84-17694-54-8
E-ISBN: 978-84-19029-14-0
Depósito legal: B-20-2022

Fotocomposición: Ediciones Urano, S.A.U.

Impreso por: Rotativas de Estella – Polígono Industrial San Miguel Parcelas E7-E8
31132 Villatuerta (Navarra)

Impreso en España – *Printed in Spain*

Índice

Prólogo 9

Introducción: Cómo detener tus pensamientos negativos . . . 13

PRIMERA PARTE
¿Por qué no creer?

1. No te tomes tus pensamientos demasiado en serio 25

2. Cuando la autocrítica es un hábito 37

3. Tu reacción importa 53

4. Qué es y qué no es la incredulidad 71

SEGUNDA PARTE
¿Cómo podemos aprender a no creer?

5. Paso n.º 1: Sé consciente de tus pensamientos 85

6. Paso n.º 2: Descree todos tus pensamientos 105

7. Paso n.º 3: Observa tu reacción 129

8. Paso n.º 4: Identifica el mensaje 147

9. Paso n.º 5: Conviértelo en un hábito 163

Resumen del proceso de descreimiento 179

¿Te ha gustado El hábito de la incredulidad? 183

Lecturas recomendadas 183

Tres regalos para ti 185

Sobre el autor. 187

Prólogo

Si hubiera hecho caso a los pensamientos que cruzaban mi cabeza hace dos años, no estarías leyendo ahora este libro. A finales de 2015, me quedé sin trabajo y sufrí una gran depresión.

Dos meses antes de mi depresión, me sentía avergonzado de mí mismo. Mi mente entró en una espiral descendente. Cada día tenía que lidiar con un sinfín de autocríticas y pensamientos negativos. No podía evitar que mi mente me reprendiera y, lo peor de todo, creía todo lo que me decía. Creía que nadie me necesitaba. Creía que me moriría si no conseguía otro trabajo pronto. Todas esas críticas me parecían muy ciertas en aquel momento. No podía controlar mis lágrimas… mis emociones estaban fuera de control.

Había permitido que mi crítico interior me destrozara por completo.

Un día me encontré ante un río pensando: «Salta y acabarás con tu sufrimiento». Por si te lo preguntas, yo no había planeado suicidarme. Me sentía muy desanimado en casa, así que salí a dar un paseo para tomar el aire. La idea de tirarme al río fue uno de los muchos pensamientos aleatorios que pasaron por mi cabeza cuando llegué allí. Por suerte para mí, no me fie de esos pensamientos y no actué en consecuencia.

Pero, a partir de ese día, me di cuenta de algo importante: tenía que ser más consciente de mis pensamientos porque no siempre son útiles o correctos.

De hecho, la mayoría se equivocan.

Este libro, *El hábito de la incredulidad*, trata sobre cómo dudar de nuestros pensamientos, especialmente de los críticos. Estoy muy agradecido por haber sobrevivido a la depresión en 2015 y poder transmitirte este mensaje.

Cuando tenía veintitantos aprendí a corregir mis pensamientos negativos y a ser más positivo. Sin embargo, a veces lo que *creo* que es positivo no resulta serlo ni me hace más feliz. En ocasiones, esa creencia produce más estrés y frustración.

Después de sobrevivir a la depresión, empecé a leer más libros sobre espiritualidad y *mindfulness*. Aprendí a distanciarme de mi mente. Ahora ya no confío en mis pensamientos al 100 %. No considero que mis pensamientos sean la verdad absoluta, sino simplemente sugerencias y opiniones. Creer y utilizar estos pensamientos, o no, depende únicamente de mí.

Como en todos mis libros, la redacción de éste es lo más sencilla posible. La mayor parte de las ideas se han extraído de mis propias experiencias y observaciones. Si buscas algo que haya sido investigado científicamente, puede que este libro no sea adecuado para ti. Pero si eres una persona abierta a la autoexploración y al aprendizaje a través de anécdotas, te resultará muy útil.

Mi misión en la vida es hacer del mundo un lugar más apacible para todos nosotros. Esto empieza por ayudar a las personas a conectar con su paz interior y a ser más autocompasivas. Al leer este libro, entras a formar parte de este movimiento. Así que ¡gracias!

Yong Kang Chan, Singapur, 2017

Introducción
Cómo detener tus
pensamientos negativos

*«La paz no se puede mantener por la fuerza; sólo
se puede conseguir por el entendimiento.»*

—Albert Einstein

¿Has intentado detener la voz negativa en tu cabeza? ¿Lo has conseguido?

Como muchas personas, cuando era más joven probé muchos ejercicios y técnicas diferentes para apartar mis pensamientos negativos. También leí muchos blogs y libros, vi numerosos vídeos y compré cursos en línea para estudiar el pensamiento positivo. En general todo eso funcionó y alcancé un nivel decente de autoestima y confianza.

Aún seguía siendo duro conmigo mismo en algunos momentos, pero no me molestaba demasiado porque no era tan intenso como en mis años de adolescencia. Así que simplemente corregí mis creencias negativas y las hice más positivas, pensando que con el tiempo mis pensamientos negativos desaparecerían. Pensaba que era yo quien tenía que arreglar mis pensamientos.

No fue hasta años más tarde, cuando me encontré sin trabajo y en una espiral descendente de depresión, que me di cuenta: «Oye, tu voz crítica sigue ahí. No ha desaparecido. Sólo estaba oculta en el fondo, acechando, esperando la oportunidad de criticarte y avergonzarte. Todavía puede poner tu vida patas arriba, y no creo que vaya a desaparecer nunca».

Todo el mundo tiene una voz crítica en su cabeza. Es la voz que nos dice:

- Nunca llegarás a nada.
- No se puede ser rico.
- No eres lo bastante guapa.
- Eres un mal padre.
- Nadie te quiere.

La intensidad y las cosas por las que tu mente te critica pueden ser diferentes. Algunas personas pueden enfadarse consigo mismas con facilidad simplemente por haber dejado caer algo al suelo. Otras pueden castigarse por no alcanzar sus objetivos. Todos tenemos una voz interior que encuentra fallos y nos juzga. Se conoce comúnmente como el «crítico interior». Es una subpersonalidad que nuestra mente ha creado para ayudarnos a afrontar ciertas situaciones y emociones.

La mayoría de nosotros piensa que silenciar al crítico interior es la solución a nuestros problemas, pero no es así. Detener los pensamientos negativos en nuestra cabeza puede ayudar temporalmente, pero en última instancia tenemos que aprender a lidiar con nuestra voz crítica. El crítico interior tiene un propósito que cumplir. Cuando tu crítico interior te critica, puede que quiera que lo hagas mejor, o tal vez quiera protegerte de cometer errores y hacerte daño. No puedes evitar que haga su trabajo.

Aunque podamos culpar a nuestro crítico interior de hacernos sentir indignos, no es la única subpersonalidad responsable de nuestra falta de autoestima.

Muchas personas viviendo en la misma cabeza

Probablemente hayas notado que hay más de una voz en tu cabeza, y que cada una de ellas tiene una opinión y un tono diferentes. Algunas son duras, como la del crítico interior. Otras son suaves y contenidas. La mente se subdivide en diferentes partes para ayudarnos a afrontar diversas situaciones. Cada subpersonalidad tiene un propósito único y creencias diferentes sobre lo que es bueno o malo para nosotros. Es como si hubiera muchas personas viviendo en una misma cabeza.

Cuando experimentamos la autocrítica, no es sólo debido al trabajo del crítico interior, sino también por la colaboración entre las distintas subpersonalidades. Una parte de la mente crea el problema y la otra acude a solucionarlo.

El crítico interior no trabaja de forma aislada.

No hay necesidad de hacer críticas cuando todas nuestras subpersonalidades obedecen lo que dicta el crítico interior. Sin embargo, las otras partes de la mente nunca van a obedecer al crítico interior porque tienen sus propios planes. Puede que una parte sólo quiera divertirse y no quiera trabajar en absoluto. Otra parte puede sacrificar demasiado para obtener la aprobación de los demás. Puede haber otra parte que nos haga actuar de forma compulsiva o tener adicciones para distraernos de sentir la vergüenza y el dolor que nos produce el crítico interior.

Detener la autocrítica sólo reduce la frecuencia de nuestro dolor y evita que éste aflore. No resuelve las emociones subyacentes que están enterradas en lo más profundo de nuestra mente y de nuestro cuerpo. Para que el crítico interior pueda hacernos daño, debe haber una parte de la mente que quiera sentir vergüenza y revolcarse en la autocompasión. Cuando somos más vulnerables, nos identificamos inconscientemente con esta subpersonalidad. Creemos que somos las víctimas y que el crítico interior es el enemigo que nos bombardea constantemente con pensamientos negativos.

La verdad es que no somos ni las víctimas ni el crítico interior. No somos las identidades que crea nuestra mente. Somos la conciencia que está detrás de esas voces. Observamos el conflicto entre las diferentes partes de nuestra mente y tenemos la capacidad de elegir a qué subpersonalidad queremos escuchar.

Dos capas de sufrimiento

Hay dos capas de sufrimiento. Una proviene de la crítica interior y la otra de nuestras reacciones inconscientes a la autocrítica. A la primera la llamo «capa mental» y a la segunda «capa de reacción».

La mayoría de nosotros intentamos detener nuestro sufrimiento trabajando en la capa mental y cambiando nuestras creencias en la mente subconsciente. Con las herramientas y técnicas adecuadas, podemos reducir significativamente nuestra autocrítica. Sin embargo, cambiar nuestras creencias también puede ser tedioso, complicado y difícil.

En primer lugar, no siempre es fácil decidir qué creencias son las mejores. Por ejemplo, podemos pensar que conseguir más dinero y un trabajo mejor nos hará más felices, pero nuestras suposiciones pueden ser erróneas.

En segundo lugar, nuestra mente subconsciente contiene muchas creencias, al igual que un ordenador tiene muchos archivos y componentes diferentes. No estamos seguros de cuántas creencias tiene nuestra mente, ni de sus relaciones entre ellas, porque no podemos verlas. Podemos pensar que hemos cambiado nuestras creencias negativas, pero puede que no hayan desaparecido realmente. Al igual que un ordenador, cuando borras un archivo, en realidad no se ha borrado. Todavía puedes recuperar el archivo si sabes cómo hacerlo. Pero no querrás cambiar los archivos del sistema si no tienes los conocimientos necesarios porque podría afectar a los demás archivos y estropear tu ordenador.

En tercer lugar, cada subpersonalidad tiene su propio conjunto de creencias, por lo que es inevitable que haya algún desacuerdo. La mayoría de nuestras creencias seguirán en conflicto entre sí, independientemente de cómo las cambiemos.

Quizá la autocrítica no sea el problema,
sino cómo reaccionamos a las críticas.

Este libro se centra en la segunda capa del sufrimiento, la capa de la reacción. La mayor parte de nuestro sufrimiento proviene de nuestras reacciones. Cuando intentamos luchar contra el crítico interior y evitar que se entrometa en nuestra mente, provocamos una guerra interna en lugar de conseguir la paz interior. También nos sentimos peor cuando insistimos en la crítica. Nuestra reacción determina cuánto más vamos a sufrir.

En el libro *El quinto acuerdo*,[1] Don Miguel Ruiz y Don José Ruiz escribieron: «La verdadera justicia es pagar una vez por cada error que cometemos». Si infringes la ley, vas a la cárcel una vez. No vas a la cárcel varias veces por el mismo delito. Cuando hagas algo malo, deja que tu crítico interior te diga lo que tienes que hacer una vez, y luego sigue con tu vida. No tienes que discutir con él ni sufrir más castigándote varias veces por lo mismo.

No tenemos control sobre los pensamientos que crea nuestra mente subconsciente. Son aleatorios y se conciben incluso cuando no estamos pensando en nada. Sin embargo, si somos capaces de aceptar esto y centrarnos en lo que sí podemos controlar, entonces no habrá ningún problema. No podemos evitar que el crítico interior nos ataque, pero no tenemos que ser las víctimas y creer todo lo que nos dice. Podemos elegir cómo reaccionar ante la autocrítica.

---

1. Ediciones Urano, Barcelona, 2010.

Simplemente haciendo esto podemos eliminar gran parte de nuestro sufrimiento.

Sobre este libro

Este libro habla de crear el hábito de la incredulidad. No todo lo que nuestra mente nos dice es cierto, especialmente los pensamientos negativos sobre nosotros mismos y la autocrítica.

En la primera parte del libro, aprenderemos por qué descreer nuestros pensamientos puede ayudar a reducir nuestro sufrimiento. En los dos primeros capítulos, exploraremos la parcialidad de nuestros pensamientos y cómo la autocrítica se ha podido convertir en un hábito. En los dos capítulos siguientes, aprenderemos a identificar nuestras reacciones ante el crítico interior y descubriremos qué es y qué no es la incredulidad.

En la segunda parte del libro, los capítulos 5 a 9, explicaré cómo dudar de nuestros pensamientos y hacer de la incredulidad un hábito. La mayoría de las sugerencias de este libro son las que haría un practicante de *mindfulness*. Aquí, simplemente las he dividido en pasos y he añadido más detalles en cada uno.

Al final de este libro encontrarás un resumen de cada paso. Te animo a que lo utilices como referencia y también a que crees tus propios pasos. No hay nada bueno o malo cuando se trata de practicar la autocompasión y la atención plena.

Se trata de encontrar una rutina que se adapte a ti.

En este libro he utilizado ejemplos de mi vida real y, como soy educador, también comparto muchas ideas surgidas de mi interacción con estudiantes y con sus padres. Por supuesto, he cambiado los nombres de las personas implicadas para proteger su privacidad.

Empecemos por entender por qué es importante dudar de nuestros pensamientos.

PRIMERA PARTE
¿Por qué no creer?

Mi alumna de matemáticas, Nelly, me preguntó una vez: «¿Cómo puedo dejar de cometer errores?» Entendía la mayoría de los conceptos matemáticos, pero cada vez que le daba los resultados, me decía que podría haber sacado mejor nota si no fuera tan despistada.

Durante mis clases con ella, me di cuenta de que era propensa a cometer errores por descuido, pero ¿cómo podía evitar cometerlos? Ella me había hecho una gran pregunta y yo no tenía una respuesta clara. Empecé a preguntarme: «¿Por qué soy tan precavido? ¿Qué hago yo de forma diferente? ¿Cuál es mi fórmula secreta?»

Tardé un tiempo en responder: «Practica y desarrolla el hábito de dudar de tus pensamientos».

1

No te tomes tus pensamientos demasiado en serio

«Creerte a ti mismo es una de las peores cosas que puedes hacer, porque llevas toda la vida diciéndote mentiras.»

—Don Miguel Ruiz, *EL QUINTO ACUERDO*

«¿El vestido es blanco y dorado o azul y negro?» Esta fue la pregunta que llevó al mundo a un gran debate en 2015.[2]

Todo empezó en el centro comercial Cheshire Oaks, al norte de Chester (Reino Unido), cuando Cecilia Bleasdale hizo una foto del vestido de rayas que pensaba ponerse para

---

2. Benedictus, Leo, «Thedress: *"It's been quite stressful having to deal with it … we had a falling-out"*», *The Guardian*, 22 de diciembre de 2015. https://www.theguardian.com/fashion/2015/dec/22/thedress-internet-divided-cecilia-bleasdale-black-blue-white-gold

la boda de su hija. Envió la foto a su hija, Grace, que vivía en Colonsay (Escocia), y le pidió su opinión sobre el vestido azul y negro. Grace estaba confundida porque sólo veía un vestido blanco y dorado en la foto. «Mamá, si crees que el vestido es azul y negro, tienes que ir a ver al médico», le dijo.

Después de discutir, Grace decidió enseñarle la foto a su prometido, y también discreparon sobre cuáles eran los colores. Así que la novia compartió la imagen en Facebook con sus amigos para validar los colores. Pero en lugar de llegar a una conclusión, el debate continuó. Algunos decían que el vestido era obviamente azul y negro; otros sólo lo veían blanco y dorado.

Caitlin McNeill, amiga de los novios, no podía dejar de pensar en la foto que había visto. Tenía tanta curiosidad por las razones científicas de la diferencia en la percepción del color que publicó la imagen en su cuenta de Tumblr y pidió a sus miles de seguidores que la ayudaran a resolver el misterio. No se imaginaba que la foto se convertiría en viral de la noche a la mañana. La imagen tuvo una gran repercusión en los medios de comunicación de todo el mundo y se convirtió en un fenómeno en Internet.[3] Final-

3. Holderness, Cates, «What Colors Are This Dress?», *Buzzfeed*, 27 de febrero de 2015. https://www.buzzfeed.com/catesish/help-am-i-going-insane-its-definitely-blue

mente, el 27 de febrero de 2015, el mundo entero se dividió en dos equipos: el equipo azul y negro y el equipo blanco y dorado.

Yo estaba en la oficina cuando mis compañeros discutían sobre la foto. Fue un momento divertidísimo, porque muchos decían: «¿Hablas en serio? No estarás bromeando o mintiendo, ¿verdad?» Los miembros de ambos equipos estaban tan seguros de los colores que veían que no podían creer que el otro equipo los viera de forma diferente. Según una encuesta de Buzzfeed, más de dos tercios de los usuarios respondieron que el vestido era blanco y dorado. Pero la mayoría se equivocó. El vestido era, efectivamente, azul y negro. Cecilia incluso se puso el vestido para ir a *The Ellen Show*[4] para confirmar los colores y acabar con la polémica. Las personas que asistieron a la boda de Grace y vieron el vestido en directo también afirmaron que era azul y negro. Entonces, ¿qué pasó con la foto y nuestra percepción?

Según un vídeo de AsapSCIENCE,[5] la iluminación de la imagen era tan mala que creaba una ilusión de constancia del color para quienes sólo veían la fotografía. Nuestros cerebros autoajustan la información sensorial, como

4. DeGeneres, Ellen, #TheDress, The Ellen Show, 30 de marzo de 2015. https://www.youtube.com/watch?v=Vu2YZMb4Xb8

5. Moffit, Mitchell y Brown, Greg, *What Color Is This Dress?* AsapSCIENCE, 27 de febrero de 2015. https://www.youtube.com/watch?v=AskAQwOBvhc

los colores, para hacer que sean similares en diferentes condiciones. Esperamos que algo que está en la sombra parezca más oscuro, así que nuestro cerebro lo compensa haciendo que el color parezca más claro. Sin embargo, en el caso del vestido, nuestros cerebros no podían decidir si la foto fue tomada al aire libre con luz azul o bajo una luz amarilla artificial en el interior de una habitación, debido a la falta de información. El cerebro tiene que hacer suposiciones y luego interpretar la información basándose en estas. El resultado es que hay dos percepciones de color del vestido muy diferentes.

La percepción de la realidad no es lo mismo que la realidad. Lo que interpretamos no es lo mismo que lo que vemos.

Nuestro cerebro hace suposiciones todo el tiempo. Pero lo que suponemos no siempre es cierto. Se basa en nuestras expectativas y experiencias pasadas. Así que dos personas pueden tener la misma información y circunstancias y, sin embargo, percibirlas de forma diferente. Nuestra percepción da forma a nuestra realidad, pero no es la verdadera realidad. Podemos estar muy seguros de tener razón y, sin embargo, estar equivocados.

La autopercepción funciona de la misma manera. Nos juzgamos a nosotros mismos basándonos en nuestras creencias y asumimos que somos indignos, pero ¿cuántos de estos pensamientos son realmente ciertos?

La mayoría de los pensamientos son parciales

En el libro *El arte de pensar*, [6] el autor Rolf Dobelli explica los diferentes tipos de errores cognitivos que puede cometer nuestra mente. Entre ellos encontramos:

- Sesgo de confirmación: la tendencia a interpretar la información nueva que confirma nuestras creencias y a filtrar la información que contradice nuestras opiniones.

- Sesgo de disponibilidad: la tendencia a creer que algo es cierto o es probable que ocurra en función de la disponibilidad de información en nuestra memoria.

- Sesgo de asociación: la tendencia a relacionar dos cosas o acontecimientos no relacionados entre sí.

- Anclaje: la tendencia a confiar en la primera información que escuchamos para tomar una decisión.

---

6. Ediciones B, Barcelona, 2019.

- Efecto de contraste: la tendencia a hacer que algo se vea mejor o peor al compararlo con un objeto contrastante.

Para alguien con baja autoestima, estos sesgos hacen que la superación de la autoconversión negativa sea aún más difícil. Tendrá tendencia a encontrar e interpretar información que confirme su inferioridad y sus defectos (sesgo de confirmación). Es probable que asocie su autoestima con acontecimientos que no tienen nada que ver con él o ella (sesgo de asociación) y que se juzgue a sí mismo basándose en sus recuerdos negativos de la infancia (sesgo de disponibilidad). También tiende a compararse con alguien que cree que es mejor que él (efecto de contraste) y a decidir si algo es cierto o no basándose en la primera información que escucha (anclaje).

Pero ¿de dónde saca esta información? De su mente sesgada.

No hay dos situaciones iguales,
por muy parecidas que puedan ser.

No podemos percibirnos a nosotros mismos con exactitud basándonos en nuestras experiencias pasadas, porque hacerlo es ser parciales. Que hayamos tenido una mala infancia no significa que ahora seamos o debamos ser desgraciados. Que no hayamos cumplido las expectativas de nuestros padres no significa que no seamos queridos o que seamos un fracaso. Establecimos la mayoría de nuestras creencias durante la infancia, pero se basaban en nuestra limitada comprensión del mundo que nos rodeaba. Nuestras creencias son defectuosas o bien se han quedado anticuadas. Ya no podemos tomarnos estas creencias al pie de la letra.

Esto también se aplica a las creencias positivas. Las creencias no te permiten ver la realidad. Distorsionamos la verdad siempre que juzgamos el momento presente en comparación con algo del pasado. Creer que vas a tener éxito en todo momento sólo porque tienes un historial de éxito probado te hace ser complaciente.

La verdad es que todo cambia. Nada permanece igual. Las flores se marchitan, nuestros cuerpos envejecen, incluso nuestros pensamientos y emociones parecen disolverse con el tiempo. Cuando tenemos un concepto fijo de nosotros mismos, nos perdemos en el pasado y no nos permitimos ser simplemente quienes somos en el presente.

La mente ama el doble rasero

La percepción no sólo varía de una persona a otra. Un individuo también puede emitir juicios diferentes sobre un mismo asunto. Estos dobles raseros provienen de las opiniones y creencias contradictorias que tienen nuestras subpersonalidades. Uno de los ejemplos más evidentes para las personas que tienen una baja autoestima es la diferencia entre la forma en que se tratan a sí mismas y la forma en que tratan a los demás.

La mayoría de nosotros no vamos por ahí criticando lo malos que son los demás. Cuando oímos a alguien hacerlo, pensamos que es duro, descortés y maleducado. Hiere los sentimientos de la otra persona. Podemos identificarnos con este sentimiento, pero cuando se trata de criticarnos a nosotros mismos, lo hacemos con tanta frecuencia y constancia que ni siquiera reconocemos lo duros que somos con nosotros mismos. ¿Cómo es posible que no consideremos grosera e hiriente la autocrítica? Por eso nuestros críticos interiores siguen atacándonos sin descanso.

Cuando alguien comete un error, nos apresuramos a perdonarlo y a encontrar una excusa para él. Pero cuando nosotros cometemos el mismo error, nuestros críticos internos lo exageran todo y nos hacen sentir culpables, posiblemente durante mucho tiempo. Nos creemos estos pensamientos negativos sobre nosotros mismos, pero no juzgamos a los demás con los mismos criterios que tenemos para nosotros.

La mayoría somos mucho más amables con los demás que con nosotros mismos.

Nuestras percepciones se basan en lo que queremos percibir, no en la verdad. La mente tiene dos normas: una para tratar a los demás y otra para tratarnos a nosotros mismos. Ser amable con los demás nos ayuda a ser aceptados socialmente y nos hace sentir bien con nosotros mismos. Sirve para algo. Pero cuando se trata de ser amables con nosotros mismos, creemos que significa que somos egoístas. Así que preferimos dar y recibir amor de los demás que dárnoslo a nosotros mismos, aunque tengamos la misma capacidad de amarnos.

Tener dos estándares diferentes significa que los demás siempre tienen más éxito, son más ricos, están más sanos, son más felices o, de alguna manera, son mejores que nosotros. Cuando los demás ganan menos que nosotros, lo justificamos pensando que tienen otras cosas buenas en la vida, como relaciones y pasión, o quizá creemos que ganarán más en el futuro. Cuando no alcanzamos nuestras propias metas, nos culpamos por ser perezosos, no tener suficiente talento o no aprovechar las oportunidades que se nos presentan. Nunca podemos ganar cuando nos comparamos con los demás porque, de entrada, los criterios para juzgarnos no son los mismos. Esperamos tener más éxito que las personas que nos rodean, pero nuestro criterio para con nosotros mismos es siempre mucho más duro que el que tenemos para con los demás. Entonces, ¿cómo podemos confiar en nuestros pensamientos cuando son tan parciales y de diferente nivel?

Las palabras son sólo símbolos

En el libro *El quinto acuerdo*, los autores nos dicen que seamos escépticos con nuestros pensamientos, porque las palabras son símbolos y los símbolos no son la verdad. Cuando te dices a ti mismo: «No eres lo suficientemente bueno», estas palabras se basan en lo que tú crees que es lo suficientemente bueno. Para ti, «suficientemente bueno» puede significar:

- Atender las necesidades de los hijos.
- Ser millonario.
- Tener a alguien que te quiera y te comprenda.
- Hacer algo significativo que cambie el mundo.
- Ser querido por todos.

Para otra persona, las palabras «no ser lo suficientemente bueno» pueden significar algo totalmente diferente. Todo lo que pensamos y creemos sobre nosotros mismos y sobre los demás es sólo una opinión o perspectiva. No es igual para todos. Nuestra autocrítica no puede ser cierta porque las mismas palabras tienen diferentes significados para diferentes personas.

Las palabras no pueden hacerte daño cuando no significan nada para ti.

¿Y si alguien se acercara a ti y te dijera: «Eres un armario azul»? ¿Le creerías o te sentirías confundido por lo que te ha dicho? Entonces, si otra persona se acercara a ti y te dijera que no eres digno de ser amado y que no vales nada, ¿cómo te sentirías?

Para sentirnos heridos por las palabras de otra persona, primero debemos entender lo que estas significan. Las palabras «armario azul» no tienen ningún impacto en nosotros, porque no creemos que seamos azules o un armario. Nuestra mente no asigna ningún significado especial a un armario azul. Como no hay ningún archivo en nuestro sistema de creencias que se asocie a un armario azul, es más probable que dudemos de lo que dice la otra persona: «¿Qué quiere decir con «armario azul»? ¿Quiere decir que me siento triste? ¿O quiere decir que parezco un armario?»

Por otro lado, si nuestro sistema de creencias contiene un archivo que se asocia con no ser querido y no valer nada, la mente subconsciente recuperará el recuerdo de todas las veces en que nos sentimos indignos y reproducimos estas experiencias pasadas en nuestra cabeza. Cada vez que nos criticamos, no nos sentimos bien. Pero no son las palabras las que hacen daño, sino las emociones, los recuerdos, los significados y todo lo que nuestra mente ha sumado a las palabras que nos afectan.

De nuevo, ¿de dónde sacamos nuestras creencias? De los condicionamientos del pasado.

Hemos aprendido estos símbolos de nuestros padres, nuestros hermanos y la sociedad en la que vivimos. Si crees que eres imperfecto, alguien debe haberte transmitido su conocimiento de la imperfección. Cuando eras niño, no sabías lo que era la perfección. No te molestaba hasta que aprendiste la palabra «perfección» de otra persona que te dijo lo que significaba ser perfecto. Aunque tus padres no te dijeran exactamente lo que era la perfección para ellos, es posible que dedujeras el significado a partir de sus acciones. Cuando almacenaste el recuerdo de la palabra «perfección» en tu cerebro, también almacenaste tu interpretación de cómo es y cómo se siente la perfección, para utilizarla en el futuro.

Cuando nos sentimos heridos por nuestros propios pensamientos críticos, es porque creemos en las interpretaciones que hace nuestra mente. Pero estas interpretaciones no son más que suposiciones mentales. Desgraciadamente, la mente es una eficiente máquina de crear significados. Tiene la costumbre de interpretar la información siempre de la misma manera, incluso cuando los significados que adjudica a esa información sean erróneos.

2

Cuando la autocrítica
es un hábito

«La energía del hábito nos empuja. A veces hacemos algo
sin saber que lo estamos haciendo. Incluso cuando no
queremos hacer algo, lo hacemos.»

—THICH NHAT HANH, *TU VERDADERO HOGAR*

William estaba haciendo los deberes y me di cuenta de que
cada vez que veía un error se insultaba a sí mismo con alguna palabrota. Seguramente no se daba cuenta de que se ma-
chacaba continuamente, aunque estuviera conmigo. William
tenía poco más de veinte años y fue el primer alumno que
tuve. Siempre que hablaba con él era educado, pero cuando
hablaba consigo mismo era como si se hubiera transformado
en otra persona. La primera vez que le vi comportarse así no

sólo me sorprendió, sino que además me intrigó. Yo también tengo un crítico interior, pero el mío es —sobre todo— *eso*, interior. El suyo le regaña en voz alta y suena mucho más desagradable que el mío.

A medida que empecé a trabajar con más alumnos, me di cuenta de que William no era el único que tenía este comportamiento. Una alumna decía «soy estúpida» cada vez que no sabía cómo responder a una pregunta. Otra estudiante ponía la excusa de ser perezosa cuando no quería hacer un trabajo. Cada uno de ellos tenía un desencadenante específico para ser autocríticos.

Además, hay estudiantes que se ponen nerviosos a la hora de responder a las preguntas. Es como si les fuera a pasar algo terrible si responden mal. Estos estudiantes probablemente tienen miedo de sentir vergüenza. Por eso, para evitar que su ego se resienta, prefieren decir que no saben y evitar responder a la pregunta.

Es más fácil darse cuenta de que otras personas son duras consigo mismas que reconocerlo en nosotros mismos, porque la autocrítica se ha convertido en un hábito para la mayoría de nosotros. Al igual que todos los demás hábitos, está tan arraigada en nosotros que lo hacemos automáticamente sin ningún esfuerzo consciente. Es posible que, de repente, nos encontremos deprimidos, infelices o faltos de energía, y que no nos demos cuenta de qué es lo que nos hace sentir así.

La autoconversión negativa no es algo
natural en el ser humano.

No nacemos con un crítico interior. Los bebés no se culpan por ser «malos». La autocrítica sólo nos parece natural después de muchas repeticiones.

Eficiencia vs. precisión

La mente toma atajos y hace juicios rápidos. En su libro *Pensar rápido, pensar despacio*,[7] el psicólogo Daniel Kahneman describe las dos formas en las que pensamos:

- El sistema 1 es rápido, intuitivo y emocional.
- El sistema 2 es lento, deliberado y lógico.

Tenemos tendencia a confiar en el sistema 1 para hacer juicios, porque no requiere ningún esfuerzo mental. Sin embargo, puede provocar que hagamos juicios incorrectos y rápidos basados en nuestras experiencias y hábitos pasados.

Ya he mencionado en este libro a Nelly, que sigue cometiendo errores por descuido a pesar de entender los con-

---

7. Debolsillo, Barcelona, 2021.

ceptos. Por ejemplo, sabe que $(a^3)^{-1}$ es igual a $a3^{x(-1)}$, lo que da la respuesta, a^{-3}. Lo hemos hecho juntos muchas veces. Pero cuando estaba resolviendo el problema, su mente le dio instantáneamente la respuesta, a^{-2}. Su mente está tan acostumbrada a hacer $3 - 1 = 2$, que se apresuró a creerse el primer pensamiento que se le ocurrió. No se dio cuenta de que había cometido un error. Si hubiera desarrollado el hábito de reducir la velocidad y utilizar el sistema 2 para comprobar si su instinto tenía razón, se habría dado cuenta de su error y lo habría corregido.

Al igual que Nelly, la mayoría de nuestros pensamientos (incluida la autocrítica) son automáticos y se crean a nivel subconsciente. Es fácil que nos creamos estos pensamientos porque lo más probable es que sean la primera información que escuchamos.

La mente subconsciente es un instrumento eficaz.

Cuando se acostumbra a algo, la mente subconsciente crea atajos mentales para llegar siempre a la misma conclusión. No hace ningún esfuerzo por procesar de nuevo la misma información o una similar. A veces, incluso ignora la información contraria a sus creencias. Esto nos ayuda a ahorrar tiempo, lo cual es estupendo, pero el problema es que la mente subconsciente no discrimina lo bueno de lo malo. Se supone que nuestra mente consciente debe hacer el duro trabajo de discernir.

Sin embargo, la mayoría de nosotros no hace el esfuerzo adicional de cuestionar o comprobar lo que nos dice la mente. Para nosotros, nuestros pensamientos son la realidad. No nos separamos de ellos. De hecho, creemos que somos nuestros pensamientos. Confiamos en todo lo que nuestra mente nos dice, aunque sea poco amable, hiriente y falso, y acabamos construyendo hábitos negativos como la autocrítica.

Cuando creamos un hábito, es difícil cambiarlo. Todo el mundo sabe que fumar es malo para la salud, pero hay gente que sigue fumando. Todo el mundo sabe que hay que ahorrar dinero para cuando lleguen tiempos difíciles, pero algunos siguen gastando más de lo que ganan. Todo el mundo sabe que comer demasiados dulces y aperitivos afectará nuestra salud, pero seguimos comiéndolos.

Nuestros comportamientos habituales no tienen ningún sentido lógico, pero no podemos persuadir a nuestro subconsciente para que sea más positivo porque no atiende a la lógica ni a los hechos. Sólo le importa la eficacia. Sacrifica la precisión en aras de la eficiencia. Para la mente, realizar un hábito es eficiente, pero cambiar un hábito no lo es: requiere esfuerzo. Así que cuando nuestro subconsciente establece un hábito, es poco probable que lo cambie a menos que entendamos qué es lo que mantiene el hábito intacto.

¿Por qué nos gusta castigarnos a nosotros mismos?

Según *El poder de los hábitos*[8] de Charles Duhigg, el bucle del hábito es un bucle psicológico que controla todos nuestros hábitos. Cada uno consta de tres partes: una señal, una rutina y una recompensa.

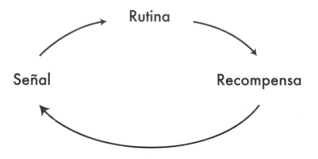

La señal puede ser cualquier cosa que desencadene un hábito. Podemos tener varias señales para un mismo hábito y pueden ser internas o externas. Por ejemplo, cuando ves a tus amigos pasándoselo en grande sin ti (señal externa), puedes pensar que no eres lo suficientemente bueno para ellos. Tu mente también puede desencadenar el mismo pensamiento cuando te sientes solo en casa (señal interna).

---

8. Vergara, Barcelona, 2019.

Cada vez que se activa una señal, realizamos una rutina que nos hace sentir satisfechos y recompensados. Este bucle mantiene nuestros hábitos intactos. Así, en el ejemplo de William, una de sus señales de autocrítica podría ser cometer errores. Cada vez que comete un error en su tarea (la señal), su mente le ataca automáticamente por haberse equivocado (la rutina), y una parte de él siente una sensación de alivio tras ser castigado (la recompensa). Una vez establecido el hábito, la mente de William ejecuta este bucle de hábitos sin ningún esfuerzo consciente por su parte.

Todos nuestros hábitos de autocrítica siguen este mismo bucle. Tiene que haber señales que desencadenen tu autocrítica negativa y recompensas que lleven a tu mente a atacarte. Pero ¿por qué querría alguien sentirse recompensado por ser criticado?

La recompensa es para la mente,
no para nosotros.

Aunque machacarnos nos hace sentir mal con nosotros mismos, una parte de nosotros desea la gratificación instantánea que nos proporciona. Cuando la mente consigue lo que quiere, el cerebro libera unas sustancias químicas de felicidad que elevan nuestro estado de ánimo y alivian la tensión interna. Mantienen nuestros hábitos intactos, impulsan nuestros comportamientos automáticos y hacen que tengamos ganas de más.

He aquí tres posibles incentivos para la mente:

1. Confirma nuestras autocreencias negativas

Una vez William me preguntó si estaba enfadado porque le costaba entender los conceptos. Por la forma en que lo preguntó, me di cuenta de que no estaba realmente preocupado por cómo me sentía yo. En realidad, buscaba que le confirmara que era un alumno lento. Era una oportunidad para validar su propia creencia desde una fuente externa.

Como tutor, me he dado cuenta de que algunos estudiantes siguen intentando validar sus puntos débiles. Suelen hacerme preguntas como: «Profesor, ¿soy estúpido?», «Profesor, soy tonto, ¿verdad?», o «Es una desgracia obtener un resultado así, ¿verdad?» Cuando les digo que no y les ofrezco otra perspectiva, no están de acuerdo o dudan de lo que he dicho. Antes de hacer la pregunta, ya tenían una creencia preconcebida sobre ellos mismos. No buscan una respuesta; sus mentes sólo buscan más pruebas que confirmen su creencia de que son estúpidos e indignos.

La autoconciencia negativa nos ofrece algo de consuelo porque nos resulta familiar.

Todos tenemos creencias negativas sobre nosotros mismos, aunque es más fácil verlo en los demás. La autocrítica ayuda a afirmar estas creencias y hace más fuerte nuestra identidad de víctimas. Es más reconfortante que decir algo bueno de nosotros que realmente no creemos. Por eso las personas que tienen una baja autoestima se resisten a recibir cumplidos. Cualquier elogio se opone a lo que ya consideran seguro con respecto a sí mismos. Se han percibido a sí mismos como indignos durante mucho tiempo, a menudo desde la infancia. Aceptar un cumplido debilita la identidad de víctima que la mente subconsciente ha pasado años construyendo.

Un punto de vista opuesto también significa más trabajo para la mente subconsciente. Si crees firmemente que eres indigno, la mente ya no necesita reexaminar y revisar tu autoconcepto: eres indigno. La decisión está tomada. Pero si tienes dudas, la mente debe comprobar la exactitud de la nueva información. Tiene que trabajar. Como ya hemos dicho, prefiere ser eficiente y ahorrar energía. Quiere mantener los viejos atajos y patrones de siempre. Cuanto más fuerte sea nuestro sistema de creencias y menos dudas tengamos, menos trabajo tendrá que hacer la mente.

2. Se utiliza para la autodisciplina y la motivación

Un conocido me dijo una vez que su mayor enemigo era él mismo. Es un tipo muy ambicioso que tiene grandes expectativas. Cree que la autocrítica le llevará al éxito y piensa que las personas que son demasiado amables consigo mismas son deshonestas, y tienen la falsa seguridad de que son lo suficientemente buenas.

Hay muchas personas como él que creen que la autocrítica les hará más felices y exitosos. Aunque se sientan desgraciados por hablarse a sí mismos de forma mezquina, creen que es útil. Pero ¿hasta qué punto es eso cierto?

En cierta medida, la autocrítica y el castigo nos ayudan a regular nuestras acciones y comportamientos. Nos protegen del dolor ayudándonos a recordar el sufrimiento del pasado, de manera que nos mantengamos alejados de las cosas que nos hacen daño. Por ejemplo, preferimos castigarnos a nosotros mismos que fracasar públicamente, ser rechazados por los demás o ser castigados por la ley. Así es como nuestros padres nos impedían hacer algo socialmente inaceptable. Nos obligaban a hacer lo que querían que hiciéramos, y así aprendimos esta táctica de ellos.

Las críticas pueden hacernos cambiar, pero no son necesarias.

Las habilidades de autorregulación son definitivamente necesarias para controlar los impulsos y hacer frente a las normas y reglas sociales. Sin embargo, no tenemos que ser duros con nosotros mismos para controlar nuestros comportamientos. No hay correlación entre el éxito y la autocrítica. William sigue cometiendo errores a pesar de insultarse a sí mismo. La gente no tiene más éxito por criticarse a sí misma. Su éxito se debe a la adopción de las estrategias y los hábitos adecuados. Podemos ser amables y compasivos con nosotros mismos y también lograr nuestros objetivos.

La razón por la que algunos adultos siguen utilizando la autocrítica para disciplinarse es que carecen de confianza en sí mismos. Creen que no podrán tomar las medidas correctas cuando se les deje solos. En lugar de ser responsables de sus propios actos y decidir qué es mejor para ellos mismos, siguen necesitando que otra persona (es decir, sus padres en el pasado y ahora el crítico interior) les empuje a hacer lo correcto y les diga lo que pueden o no pueden hacer.

La costumbre de la autocrítica es gratificante para la mente. Mientras sigas creyendo que ser crítico te hace mejor, estarás permitiendo que la mente controle tus acciones al atarte a expectativas cada vez más altas.

3. Nos hace pagar por nuestros errores

La autocrítica sirve a veces como una forma de autocastigo, y el castigo es una recompensa en sí mismo. Cuando nos castigamos, nos sentimos menos culpables por los errores que hemos cometido. El castigo reduce momentáneamente nuestro dolor emocional. ¿No es esto lo que experimentábamos la mayoría de nosotros cuando éramos niños?

Cuando hacíamos algo malo, nuestros padres nos castigaban, pero al final nos perdonaban. Al principio, nos sentíamos mal por haber cometido un error, pero sabíamos que todo volvería a la normalidad después del castigo. El autocastigo funciona de la misma manera. Nos castigamos porque hay una parte de nosotros que piensa que nos lo merecemos y que tenemos la culpa. Regañarnos a nosotros mismos nos hace pagar por nuestros errores y nos da permiso para seguir adelante. Nos ayuda a resolver algunos de los sentimientos negativos, como la vergüenza y la culpa, que se esconden en nuestro interior.

El autocastigo nos hace ser conscientes de nuestros sentimientos en lugar de huir de ellos.

Si tienes sentimientos o creencias muy arraigados de indignidad e inferioridad, la autocrítica puede ayudarte a sacar estos sentimientos a la superficie para que puedas experimentarlos plenamente y no seguir ignorando su existencia.

Sin embargo, esto refuerza la identidad de víctima. Además, cuando se convierte en un hábito, acabamos criticándonos aún más y nos centramos demasiado en nuestras debilidades. No es necesario criticarse para sentir estas emociones. De nuevo, no hay correlación entre ambas cosas.

Cómo cambiar un hábito

Ahora que entiendes mejor el mecanismo de los hábitos, aquí tienes algunas formas de cambiarlos.

En primer lugar, puedes evitar las señales que desencadenan tu autocrítica. Supongamos que tienes amigos que siempre te hacen sentir mal contigo mismo: puedes elegir salir menos con ellos. Sin embargo, evitarlos no siempre es posible. Si cometer errores es una de las señales, no puedes evitarlos para siempre. Seguro que algún día cometes un error. Además, acabarás organizando tu vida en torno al hábito de la autocrítica sólo para no cometer errores. Obviamente, esto no es una buena idea.

En segundo lugar, puedes retener o eliminar las recompensas de tu mente. Eso es lo que hace mucha gente. Tu mente quiere la confirmación de que eres malo, pero tú la rechazas. En su lugar, alimentas tu mente con afirmaciones positivas. Si tienes alguna creencia negativa, trata de reformularla en positiva. Cuando tu crítico interior quiere obligarte a hacerlo mejor o te hace sentir alguna de tus emociones, lo ignoras y lo apagas. Esto está bien durante un tiempo, pero puede ser contraproducente o agotarte porque gastarás demasiada energía en impedir que tu mente consiga lo que quiere. Retener las recompensas no impide que la mente siga buscándolas.

El tercer paso, como sugiere Charles Duhigg, es cambiar la rutina. Sustituye la autocrítica por otra rutina que apoye tanto las señales como las recompensas. Tal vez ya te hayas dado cuenta de que no puedes controlar los pensamientos creados por tu mente subconsciente. Puede que estés haciendo algo sencillo, como lavarte los dientes, y que tu mente esté pensando simultáneamente en un millón de otras cosas, desde qué hacer a continuación hasta lo desgraciada que es tu vida. Es difícil sustituir la rutina de la autocrítica por otra cosa, porque la mente está en piloto automático la mayor parte del tiempo.

No cambies el hábito de la autocrítica.
Cambia tus reacciones habituales a la
autocrítica.

Sin embargo, podemos controlar nuestras reacciones habituales. Podemos sustituir nuestras reacciones actuales por una nueva rutina para que, incluso cuando tengamos pensamientos críticos, sepamos cómo afrontarlos. Esto permite que la mente siga obteniendo sus recompensas y no nos afecte. Cambiar nuestra reacción también acabará reduciendo nuestra autocrítica, aunque no sea el objetivo principal.

Antes de aprender a cambiar nuestras reacciones a la autocrítica, entendamos cómo estamos reaccionando ahora.

3

Tu reacción importa

«No puedes evitar que los pensamientos negativos aparezcan en tu cabeza, pero puedes elegir dejar de permitir que te controlen a ti y a tu vida.»

—Lori Deschene, fundadora de Tinybuddha

Toc, toc. Es el cartero otra vez. Es la decimoquinta vez que llama a tu puerta hoy. Desde hace unos años te trae cartas certificadas de una persona llamada «crítico interior». Ya has leído el mensaje de las cartas y sabes lo desagradables y críticas que son.

¿Qué debes hacer? Vamos a responder a esta pregunta utilizando a varias personas como ejemplo.

La primera persona, **el Señor Enojado**, decidió luchar y resistirse a recibir este correo. Cuando llegó el cartero, le dijo que se fuera. Pero el cartero no dejó de llamar a su puerta hasta que aceptó el correo. Ese es su trabajo: entregar las cartas. Así que el Señor Enojado fue a la casa del crítico interior. Le amenazó y le dijo que no enviara más cartas. Pero al crítico interior le dio igual; siguió enviando las cartas sólo porque podía hacerlo. Había pagado los sellos postales y creía que lo que había escrito era la verdad. El Señor Enojado estaba frustrado. No quería recibir más correo del crítico interior, pero no sabía qué hacer al respecto.

La segunda persona, **la Señora Negación**, optó por huir del problema. Se marchó de su casa para no recibir las cartas nunca más. Si no hay nadie en casa, el correo no se puede entregar, ¿verdad? De alguna manera, el cartero fue capaz de rastrearla sin importar a dónde fuera. Se presentaba en el bar cuando ella ahogaba sus penas en alcohol. Aparecía en el casino mientras ella se distraía con la máquina tragaperras. La Señora Negación se sintió tan acosada por el cartero que incluso intentó negar su identidad: «No, yo no soy la Señora Negación. Estas cartas no son para mí». Pero no funcionó. El trabajo del cartero es entregar las cartas. Se asegura de que todas las cartas sean entregadas a la persona correcta.

La tercera persona, **la Señora Preocupación**, recibía las cartas del cartero, pero estaba obsesionada con ellas. Las guardaba y las leía una y otra vez. Cuanto más leía las cartas, más se preocupaba: «¿Y si la carta tiene razón? ¿Y si nunca llego a ser nadie? ¿Y si no puedo ser rica? ¿Y si nadie me quiere? ¿Y si las cartas llegan a manos de otras personas? ¿Descubrirán también mis defectos?»

La Señora Preocupación no podía dejar de lado sus pensamientos negativos. De hecho, conjuró más pensamientos negativos y empezó a culpar a los demás de su desgracia: «¿Por qué tengo que recibir estas cartas? ¿Por qué el cartero me entrega este correo? ¿Por qué me escribe el crítico interior? ¿Por qué a mí?» La Señora Preocupación se sentía realmente impotente y no podía concentrarse en nada más que en las cartas críticas.

La última persona, **el Niño Indefenso**, lloraba cada vez que recibía una carta. Se creía todo lo que estaba escrito en ellas. Se encerraba en casa y se revolcaba en la autocompasión. Al igual que la Señora Preocupación, guardaba las cartas a buen recaudo, como si fueran tesoros, y las releía una y otra vez. Pero, a diferencia de la Señora Preocupación, ni siquiera intentaba resistirse a las críticas que contenían. Simplemente aceptaba que no era lo suficientemente bueno y que no podía hacer nada al respecto. Se odiaba a sí mismo por ser tan débil. Cada carta dictaba su estado de ánimo para el resto del día, el resto de la semana, o quizás el resto de su vida.

Las cuatro reacciones más comunes a la autocrítica

La primera historia de este capítulo recoge las cuatro reacciones más habituales ante la autocrítica: lucha, huida, rumiación y resignación. Yo he reaccionado de cada una de estas maneras al menos una vez en mi vida. Sin embargo, solemos tener una reacción preeminente cuando nuestro crítico interior nos ataca.

Algunos preferimos rumiar el asunto, mientras que otros desean con todas sus fuerzas silenciar al crítico interior. También hay quienes utilizan las distracciones para adormecerse ante la autocrítica; otros simplemente se resignan a su suerte y dejan que el crítico interior siga causando dolor.

> *Nuestra reacción a la autocrítica es más importante que la propia autocrítica.*

Prestar atención a nuestras reacciones es muy importante porque lo único que podemos controlar es cómo reaccionamos. Esto también nos da la oportunidad de practicar la atención plena. Al ser conscientes de nuestras reacciones, podemos cambiar la forma en que reaccionamos normalmente a nuestra autoconciencia negativa y liberarnos de la innecesaria confusión. Incluso si no cambiamos nuestras reacciones o no estamos seguros de cómo hacerlo, al menos podremos ver cómo la autocrítica nos hace actuar de una manera determinada y comprender por qué nuestras reacciones en realidad son ineficaces para tratar nuestros problemas.

A continuación, hablaremos de cómo solemos reaccionar ante la autocrítica. Identifica tu reacción más habitual y en el próximo capítulo hablaremos de las alternativas.

1. Rumiación

Ésta es probablemente la reacción más destructiva de to das. No conseguirás silenciar a tu crítico interior y además te quedarás atascado en tus problemas. El hábito de la mente es detectar y resolver problemas. Cuando rumias, parece que estás resolviendo el problema, pero, en realidad, sólo estás aumentándolo y empeorándolo. Cuando rumiamos, no buscamos soluciones, sino posibles causas y consecuencias. Nos hacemos preguntas del tipo «¿por qué?»:

- ¿Por qué no puedo hacerlo?
- ¿Por qué me he equivocado?
- ¿Por qué sigo fallando?
- ¿Por qué me han hecho esto?
- ¿Por qué soy tan estúpido?

Pocas veces nos preguntamos «qué», «quién» o «cómo».
Por ejemplo:

- ¿Qué puedo hacer para mejorar la situación?
- ¿Cuáles son las posibles soluciones a mi problema?
- ¿Con quién puedo hablar?
- ¿Quién puede ayudarme con mi problema?
- ¿Cómo puedo ver mi problema desde un ángulo diferente?

La razón es sencilla. No sabemos cómo resolver el problema y nos sentimos impotentes. Así que al preguntarnos «por qué», nos libramos del sufrimiento de saber las soluciones. Nos permite atribuir algún tipo de razón a nuestros problemas y culpar a otros o a nuestras circunstancias por ellos. Alivia un poco nuestra angustia y nos hace sentir mejor cuando nos autocompadecemos en situaciones difíciles.

Sin embargo, la rumiación no es saludable. Puede conducir fácilmente al odio a uno mismo, a la depresión y a la ansiedad. Mi depresión se desencadenaba cuando me hacía preguntas como: «¿Por qué el fundador del estudio de animación no cumplió su promesa? ¿Por qué no me contrató como había prometido?» Al principio, intenté hacerme preguntas con «¿qué?»: «¿Qué puedo hacer para conseguir ingresos?» Pero estaba tan centrado en encontrar la causa del problema que no pude ver ninguna solución en ese momento. Pronto volví a preguntarme el porqué y a buscar a alguien o algo a quien culpar.

Preguntar el porqué puede ayudarte en diferentes situaciones, pero es ineficaz cuando estás en una espiral descendente.

Mi mente empezó a quedar atrapada en un bucle malsano y repetitivo. Cada vez que me preguntaba «por qué» me habían traicionado, mi crítico interior recibía nuevo combustible para machacarme por ser tan ingenuo, inútil e insignificante. Entonces, mi autocrítica me hacía pensar: «¿Por qué soy tan tonto?» Y esto daba lugar a un diálogo interno aún más negativo.

He aquí otro ejemplo. A una de mis alumnas, Sharon, le encanta decir que es estúpida cuando no puede resolver un problema de matemáticas. A veces se cansa tanto de hacer preguntas difíciles que monta una escena y hace un montón de preguntas retóricas como: «¿Por qué tenemos exámenes? ¿Quién inventó las matemáticas? ¿Por qué tenemos que estudiar matemáticas?» Hacer estas preguntas no tiene sentido. No le ayudan a reducir su estrés, en absoluto, ni a contestar los problemas de matemáticas. Sí, tal vez el sistema educativo actual no sea eficaz. Pero hacer preguntas cuando no se tiene poder para cambiar el sistema sólo hará que te sientas más enfadado e impotente. Estas preguntas deberían hacérselas las personas que tienen el poder de cambiar el sistema educativo, o al menos la capacidad de influir en el cambio. En lugar de huir de su estrés, Sharon tiene que aceptar el sistema educativo actual tal y como es ahora y hacer todo lo posible por trabajar con lo que le han dado.

La rumiación no nos ayuda a pasar a la acción para resolver nuestras dificultades. Intentamos resolver los problemas en nuestra mente, pero acabamos haciéndonos daño. Cuando culpamos a otros o a nosotros mismos de nuestra desgracia, no estamos asumiendo la responsabilidad de nuestros problemas. Lamentablemente, la rumiación es un hábito que muchos desarrollamos para hacer frente a la autocrítica. Para superar este hábito, debemos prestar más atención a las preguntas que nos hacemos y emprender las acciones que nos hagan avanzar.

2. Resignación

Rendirse a la autocrítica no es una mala solución. Al menos, es mejor que preocuparse y analizar en exceso la situación. Hay menos conflicto interno en tu mente y menos resentimiento hacia las personas y los eventos de tu vida cuando eliges resignarte.

Al igual que el del cartero, el trabajo del subconsciente es traerte la información relevante para ti en cada momento. Su trabajo no es ayudarte a filtrar los mensajes, por lo que resistirse a él es inútil. Es mejor recibir los pensamientos críticos sin ninguna resistencia y aceptar que nuestra mente ha almacenado creencias negativas sobre nosotros mismos.

> **El problema no radica en los pensamientos críticos. Depende de lo que elijamos creer.**

La diferencia entre la resignación y la incredulidad es que las personas que se resignan ante la autocrítica confían en lo que dicen sus críticos internos.

Sin embargo, las personas que no creen escuchan sin creer. Ambos tipos de personas aceptan el mensaje que el crítico interior intenta transmitir, pero la forma en que reaccionan a la crítica es diferente. El primero no entiende el mecanismo de la mente subconsciente y cree que él o ella es su mente, y que cualquier cosa que la mente le diga debe ser cierta. El segundo sabe que su mente y su verdadero yo están separados. Sabe que la mente subconsciente actúa de forma automática, basándose en los hábitos, las experiencias pasadas y las creencias, por lo que los pensamientos críticos que escucha del crítico interior pueden no ser ciertos. Entiende que cada pensamiento sólo representa una perspectiva y está dispuesto a explorar otros puntos de vista.

Sin embargo, lo bueno de la resignación es que te permite sentir tu pena y tu desesperación. Cuando estaba en la escuela secundaria, a menudo me sentía solo y triste por no poder crear vínculos profundos con los demás estudiantes. Envidiaba a los alumnos que se llevaban muy bien entre ellos. Acepté la situación y no hice mucho por mi baja autoestima, aparte de escribir pequeñas notas y luego enterrarlas. Cuando mi crítico interior me decía que no le gustaba a nadie, me sentía herido, pero nunca me deprimía. Aunque creía en lo que me decía el crítico interior, estaba en contacto con mis sentimientos y era capaz de expresarlos con normalidad. Así que no se convirtió en algo inmanejable.

La resignación es la reacción que utilicé durante la mayor parte de mi vida escolar para hacer frente a la autocrítica. Aunque no añadía ruido mental ni creaba agitación interna, reforzaba mis creencias negativas sobre mí mismo. Cuanto más creía lo que me decía mi crítico interior, más inferior y desconectado del mundo me sentía.

Aceptar y sentir tus emociones es bueno. Sin embargo, pasar demasiado tiempo explorando nuestros sentimientos negativos nos quita el tiempo y la energía que necesitamos para crear cambios positivos en nuestra vida. Incluso cuando aparece una oportunidad de progresar, podemos estar tan acostumbrados a sentirnos impotentes que no creemos que el cambio sea posible.

3. Huida

Escapar es probablemente la reacción más común en la lucha contra nuestro crítico interior. La mayoría de las veces ni siquiera nos damos cuenta de que estamos ignorando la autocrítica. Hay muchas maneras de escapar. Podemos adormecer nuestros sentimientos y pensamientos con entretenimiento, juegos, televisión, comida, alcohol, drogas, fantasía, sexo…

Cuando nos sentimos incompetentes en nuestro trabajo y en nuestras capacidades, la mayoría de nosotros preferimos procrastinar viendo vídeos al azar o jugando en línea en lugar de trabajar. Cuando nuestras relaciones no van bien, en lugar de culparnos a nosotros mismos, comemos para reconfortarnos. Cuando hemos hecho algo malo que no nos podemos perdonar, el alcohol puede ser una manera rápida de olvidar los problemas. Cualquier cosa que nos distraiga de nuestros pensamientos críticos puede ser utilizada como forma de escape. Incluso la meditación puede ser una forma de evasión.

Si realmente entiendes la esencia de la práctica de la atención plena, sabrás que la solución no consiste en escapar de los problemas. En la meditación *mindfulness* nos enfrentamos a nuestras dificultades y aceptamos lo que sentimos en el momento presente. No huimos de ello. Sin embargo, algunas personas usan la meditación para escapar de la realidad. Y aunque escapar puede ser una estrategia eficaz para desconectar del ruido de nuestra mente, en realidad le cedemos nuestro poder. Indirectamente, permitimos que nuestra mente influya en nuestro comportamiento y dirija nuestra vida.

Las distracciones no son malas del todo. Pueden ayudarnos a evitar el dolor y los implacables ataques del crítico interior, sobre todo cuando no sabemos cómo enfrentarnos a él. Bloquear los recuerdos infelices puede ayudarnos a afrontar las experiencias traumáticas. No sólo ofrece una especie de alivio, sino que es un mecanismo de supervivencia para algunas personas. También hay momentos en los que realmente necesitamos relajarnos y disfrutar de placeres sencillos, como el entretenimiento y la comida.

Escapar sólo es perjudicial cuando somos adictos a ello y no somos conscientes de que lo hacemos.

Las diferencias clave entre la relajación y la evasión son el disfrute y la libertad de elección. ¿Estamos haciendo lo que realmente queremos hacer, en este momento? ¿Nos sentimos mal después de realizar esta actividad? Eckhart Tolle, el maestro espiritual, dice que «la adicción comienza con el dolor y termina con el dolor». Cuando huyas de tus problemas, seguirás sintiendo dolor después de terminar aquello que hagas para escapar. Puedes huir de tu crítico interior durante un tiempo, pero no puedes huir de él para siempre. Algún día deberás enfrentarte a tus problemas.

Mi alumno Shane utiliza su imaginación para no sentirse mal por haber suspendido los exámenes. Siempre sueña con lo bonito que sería que no hubiera escuela, o se imagina que está en una especie de realidad alternativa. Sin embargo, escapar no es una solución a largo plazo. Sólo retrasa el problema. Shane todavía debe encontrar la manera de aprobar sus exámenes. De lo contrario, no podrá pasar de curso. El problema no desaparecerá por sí solo.

Además, la misma actividad que utilizamos para escapar del crítico interior puede provocar que éste nos ataque de otra manera. Por ejemplo, puedes comer bocadillos cuando te sientes incompetente en el trabajo. Pero, después de disfrutar del tentempié, el crítico interior te hace sentir culpable por haber comido demasiada comida poco saludable. No importa a donde vayas, el crítico interior está ahí para hacerte sentir mal contigo mismo.

Cuando nos relajamos de verdad, nos centramos en el disfrute de lo que estamos haciendo. Somos conscientes y elegimos hacer sólo las cosas que realmente queremos hacer. En algunos momentos, sin saberlo, utilicé la televisión como distracción para huir de situaciones difíciles. Cuando me sorprendí haciendo esto, me di cuenta de que estaba mirando un programa de televisión sin sentido que ni siquiera me gustaba. Sólo lo veía porque no quería enfrentarme a mi crítico interior.

Si estás haciendo algo que no estás obligado a hacer y no estás disfrutando, es una señal reveladora de que estás evitando o ignorando un problema más profundo. Si utilizas repetidamente una actividad para evitar la crítica interior, pronto se convertirá en una adicción o en otro mal hábito. Sentirás el impulso de realizar esa actividad indeseable incluso cuando no quieras hacerla, así que es mejor utilizar las distracciones con moderación.

4. Lucha

Algunos de nosotros nos resistimos al dolor infligido por el crítico interior tratando de impedir que nuestra mente nos regañe o silenciándola. Sentimos el dolor como víctimas, pero, en lugar de aceptar nuestros pensamientos negativos, decidimos luchar contra ellos.

Hay dos formas de luchar. La primera es la manera educada. Intentas eliminar los ruidos mentales de tu cabeza corrigiéndolos y sustituyéndolos por pensamientos o afirmaciones positivas. Convences a tu mente de que lo que dice de ti es erróneo y tendencioso, e intentas cambiar tus creencias subconscientes sobre ti mismo. La segunda forma es utilizar la fuerza. Tratas a tu crítico interior como un enemigo y te enfadas cuando te ataca. Intentas detener las críticas arremetiendo contra tu mente. Algunos empezamos actuando de la manera educada, pero pronto nos frustramos al ver que no funciona y acabamos utilizando el segundo método.

El problema de la primera manera es que crea disonancia. A los que tenemos una baja autoestima y no creemos en los pensamientos positivos sobre nosotros mismos puede hacernos sentir peor. Cuando seguimos comparando nuestra percepción actual y negativa de nosotros mismos con nuestro yo ideal, se nos recuerda constantemente la mala persona que somos. Aunque las afirmaciones positivas tienen cierto mérito, y la investigación sobre la neuroplasticidad ha demostrado que el cerebro puede cambiarse, se necesita tiempo y esfuerzo consciente para cambiar las creencias. Con el pensamiento positivo puede que te sientas feliz contigo mismo temporalmente. Pero pronto los pensamientos negativos volverán a entrometerse en tu mente cuando estés distraído o desprevenido, y te harán abandonar cualquier esperanza de ser positivo.

El pensamiento positivo debe estar respaldado por experiencias y sentimientos positivos. El cerebro emocional no escucha a la lógica. Por mucho que tu cerebro racional intente convencer a tu cerebro emocional, es una batalla perdida. No puedes evitar que tu subconsciente tenga pensamientos negativos. Discutir con tu subconsciente sólo creará más caos en tu cabeza, aumentará la resistencia y producirá más sentimientos negativos.

Obligarse a aceptar pensamientos positivos cuando la mente no está preparada nunca funciona.

Sharon, la misma alumna del ejemplo de la rumiación, empezó a decirse a sí misma que era inteligente después de que yo le explicara los efectos del diálogo interno negativo. Pero la forma en que se elogiaba era tan falsa que parecía que se estaba burlando de sí misma. Tuve que pedirle que parara, porque cuanto más decía «soy inteligente», más parecía que estaba confirmando su estupidez.

El pensamiento positivo no funciona si no es creíble. No puedes cambiar tu creencia de «nadie me quiere» por «todo el mundo me quiere». Esto es engañarte a ti mismo. Si todavía te aferras a la creencia de que no eres lo suficientemente bueno, no puedes dejarla de lado y abrazar los pensamientos positivos. El sentimiento negativo subyacente seguirá ahí. Estás privando a tu mente de sus recompensas. La mente quiere que se confirmen las creencias negativas, pero tú le das algo que contradice totalmente lo que estaba almacenado en tu cerebro. Si es la primera vez que cambias tus creencias, será mejor que adoptes una postura neutral (por ejemplo, que no eres bueno ni malo) en lugar de oscilar de un extremo a otro o luchar contra tu crítico interior.

Cuando te enfrentas a él, estás enviando dos mensajes a tu cerebro. Uno, que crees que lo que la mente dice de ti es cierto. Si no crees que lo que dice el crítico interior es cierto, ¿por qué necesitas defenderte? ¿Recuerdas el ejemplo del «armario azul» del capítulo 1? Si no crees que seas un armario azul, no te importa que tu crítico interior te llame armario azul o no.

En segundo lugar, estás rechazando el mensaje que te da tu crítico interior. Estás juzgando al crítico interior y convirtiéndolo en un enemigo. Aunque el tono de tu crítico interior sea duro o mezquino, puede tener alguna información valiosa que ofrecer. Es como nuestros padres; tenían buenas intenciones hacia nosotros pero comunicaron mal el mensaje.

El crítico interior no es un enemigo.

Incluso aunque la interpretación sea inexacta, no hay necesidad de reprimir al crítico interior. Es sólo una de las personas que viven dentro de tu cabeza. Todas ellas tienen ideas y percepciones diferentes sobre cómo debes vivir. Tú, el verdadero yo, tienes que decidir a quién escuchar y luego dirigir a tus subpersonalidades, y no al revés. No es necesario aislar a ninguna de ellas. Cuando no puedes aceptar tus pensamientos negativos tanto como los positivos, te vuelves vulnerable al conflicto interior.

4

Qué es y qué no es
la incredulidad

«No te preocupes por las críticas. Si son falsas, ignóralas;
si son razonables, no te enfades; si son ignorantes, sonríe;
si están justificadas, no son críticas: aprende de ellas.»

—Anónimo

Toc, toc. Es el cartero de nuevo. Tienes otra carta certificada del crítico interior. En lugar de rechazar la carta, la aceptas con gusto y le das las gracias al cartero por la entrega.

Antes de leer la carta, respiras profundamente y eliminas cualquier ruido mental de tu cabeza. Esta vez estás preparado para aceptar el mensaje con gusto. No hay que darle más vueltas a la carta. Se acabaron las evasiones. Vas a afrontar el mensaje con valentía, pero no vas a asumir que todo lo que diga es cierto.

Mientras lees la carta, una parte de ti sigue sintiéndose incómoda y herida. Sin embargo, en lugar de compadecerte, esta vez eres consciente de las emociones que hay en tu cuerpo. Permites que estén ahí durante un rato y sientes de verdad tus sentimientos. Cuando estás preparado, los dejas ir. La carta ha cumplido su función: la tiras a la papelera y continúas con tu vida.

Este es el arte de descreer.

Vivir en una casa con demasiadas cartas sin resolver (es decir, conflictos mentales) es asfixiante. Cuando éramos jóvenes no recibíamos mucha correspondencia. Creíamos que cada carta que recibíamos era importante y lo aceptábamos todo sin filtrar. Ahora que somos adultos, nuestra mente se ha llenado de demasiadas cartas. Podemos elegir entre guardarlas o tirarlas. Cuando recibes una carta y la lees, puedes decidir si debes conservarla o no. Si decides no conservarla ni actuar en función de la información que contiene, simplemente rómpela y tírala cuando hayas leído el mensaje. Si no guardamos todas nuestras cartas, ¿por qué aferrarnos a nuestra autocrítica?

La incredulidad no es autonegación

Algunas personas —especialmente las que tienen grandes expectativas sobre sí mismas— piensan que no creer en los pensamientos críticos es un autoengaño. Como el amigo que mencioné en el capítulo 2, creen que cuando uno no reconoce sus propios defectos e imperfecciones está viviendo en la negación. Pero la incredulidad no consiste en eso.

Cuando cometes un error y tu crítico interior te llama estúpido, no creer este pensamiento crítico no significa ignorar el hecho de que has cometido un error. La palabra «estúpido» es un juicio. Es una opinión que tu mente subconsciente hace sobre ti por haber cometido un error. La creencia de que eres estúpido es una conclusión basada en tu interpretación de todos los errores que has cometido en el pasado. No es la verdad. Alguien puede ser inteligente y a la vez cometer errores. No hay correlación entre ambas cosas. La única verdad en esta situación es que cometiste un error, así que corrige el error. Fin de la historia.

He aquí otro ejemplo. Has mandado un mensaje a un amigo y no te ha contestado durante días. ¿Qué hace tu mente? Empieza a buscar las razones por las que tu amigo no te ha contestado: «Quizás está ocupado y se ha olvidado de contestar. Tal vez esté de vacaciones o de viaje de negocios». Puede ser que tu amigo no sepa qué decirte después de leer tu mensaje. Tu crítico interior concluye que no le gustas a tu amigo y te apresuras a creerlo. Pero ¿es esto cierto? Podría serlo, pero no sabes con certeza si lo es. Creer que no le gustas a tu amigo es sólo una suposición que ha hecho tu mente y que puede ser errónea. La única verdad en esta situación es que le enviaste un mensaje de texto a tu amigo y no te ha contestado. Cualquier otra opinión que tengas sobre el asunto es pura ficción, no un hecho.

Escapar es huir de la verdad, pero la incredulidad es correr hacia la verdad.

La incredulidad consiste en separar los hechos de la ficción. Cuando no confías en tu crítico interior inmediatamente, ganas tiempo para ser curioso y examinar todos los hechos de una situación. La mayor parte de nuestra autocrítica, si no toda, es una mentira. Cualquier juicio que tengamos sobre nosotros mismos es una opinión basada en la interpretación de nuestra mente sesgada. Es una historia distorsionada que nos contamos a nosotros mismos y que se convierte en nuestra realidad cuando la creemos.

No creernos los autojuicios no significa que ignoremos nuestras debilidades y pretendamos ser perfectos. Sólo significa que no caemos en nuestra propia historia exagerada. Seguimos reconociendo el hecho de que cometemos errores y no alcanzamos nuestras expectativas, pero no tenemos que juzgarnos por ello.

La incredulidad consiste en estar abierto

La incredulidad no significa ignorar nuestros pensamientos. De hecho, significa estar abierto y escuchar sin juzgar. Escuchar no implica que debamos creer lo que oímos. Escuchamos para recoger información, no para creer sin formarnos una opinión. La información puede ser verdadera o falsa, y sólo mediante la escucha atenta podemos distinguir la verdad de las mentiras.

Cuando nos rendimos a la autocrítica, no sólo creemos lo que el crítico interior dice de nosotros, sino que también nos ponemos del lado de la subpersonalidad víctima. Una parte de ti fue herida por tus experiencias pasadas y quiere devolverte esos malos recuerdos. No hay nada malo en cuidar de ti mismo cuando te sientes herido. Sin embargo, creencias como «no soy lo suficientemente bueno» o «no le gusto a nadie» son interpretaciones erróneas del pasado. Ya no tenemos que creerlas.

Cuando no crees, no te pones del lado de ninguna de tus subpersonalidades. Acoges todos tus pensamientos y aceptas tanto las polaridades positivas como las negativas. Asumes todos los puntos de vista antes de elegir el camino que quieres tomar. El camino puede ser algo que haya sugerido una de tus subpersonalidades, o puede no parecerse en nada a sus opiniones. La clave es que des a todas ellas la oportunidad de aportar sus mensajes y ser escuchadas, pero la decisión final es tuya. Tú llevas el timón. Escuchar un pensamiento no significa que tengas que creerlo o dejar que te diga lo que debes hacer, a diferencia de lo que ocurre cuando crees inmediatamente a una de tus subpersonalidades y dejas que tu mente dirija tu vida automáticamente.

No juzgues a tus subpersonalidades,
especialmente a tu crítico interior.

Lo importante de tener una mente abierta es que no juzgas ninguna de tus subpersonalidades como buena o mala. No ves a tu crítico interior como el enemigo sólo porque te transmita mensajes desagradables. Quieres entender su punto de vista y averiguar de dónde viene. Al igual que una voz demasiado optimista puede hacerte daño, el crítico interior también puede aportar información constructiva que te ayudará a transformar tu vida. Así que no hay necesidad de luchar o resistirse al crítico interior. Simplemente escucha y siente curiosidad por lo que tiene que compartir.

La mente es inofensiva. Nuestros pensamientos pueden sernos útiles o hacernos sufrir, según el momento y el contexto. Aunque la mayoría de los pensamientos son tendenciosos, sólo son perjudiciales cuando elegimos creerlos y reaccionar ante ellos sin pensar. Cuando tu mente te ofrece ideas creativas, escuchas sus sugerencias, pero no las llevas a cabo todas, ¿verdad? Entonces, ¿por qué tomarse los pensamientos críticos tan en serio? No son más que comentarios.

La incredulidad tiene que ver con la aceptación

Cuando tienes un pensamiento crítico sobre ti mismo, no te culpas por haberlo concebido. Tampoco culpas a nadie por hacerte pensar así ni a tus padres por hacerte sentir indigno.

Las personas que no creen en sus pensamientos aceptan que a veces su mente genera pensamientos negativos. Saben que cuando aparece un pensamiento crítico, simplemente es lo que es. No hay nada que puedan hacer para cambiar el hecho de que el pensamiento crítico está ahí. Sin embargo, saben que tienen el poder de elegir cómo reaccionar y qué creer. Entienden que estos pensamientos intrusivos pueden ayudarles a crear un hábito de atención plena más fuerte. Así, asumen la plena responsabilidad de lo que pueden controlar, en lugar de culparse por algo sobre lo que tienen poco o ningún control: la mente subconsciente.

La incredulidad es diferente de las otras tres reacciones: rumiación, huida y lucha. A diferencia de estas reacciones, no te resistes a tus pensamientos críticos. Reconoces y aceptas su existencia. No huyes de tu autocrítica, ni finges que no está ahí, ni la haces desaparecer, ni te quejas de ella, ni te unes a la crítica. Escuchas el mensaje y observas cómo reacciona tu cuerpo. Si no es verdad, lo descartas. No te aferras a él.

Resistirse es no escuchar. No creer es escuchar.

Para escuchar y comprender plenamente un mensaje, hay que aceptar lo que dice y recibirlo como un regalo. Pero antes debes tener las manos libres para recibirlo. Del mismo modo, la práctica de la incredulidad requiere que te liberes de las creencias, que adoptes una posición neutral al escuchar el mensaje. Cuando escuchas con la idea preconcebida de que algo es negativo o que no te va a gustar, en realidad no lo estás escuchando: lo estás juzgando. Sólo finges escuchar y esperas tu oportunidad para decir: «No, esto no tiene nada que ver conmigo». Tu percepción se ve nublada por tus creencias, y la verdadera sabiduría y percepción que posees no pueden aflorar a tu conciencia.

Sólo cuando aceptes completamente el mensaje del crítico interior podrás extraer su verdadero valor y aplicar las lecciones aprendidas en el futuro. Supongamos que tu crítico interior te dice que no te mereces el amor. Esto te da la oportunidad de observar si alguna parte de tu cuerpo se siente incómoda con esta crítica. Si tu cuerpo se siente herido por la crítica, hay una parte de ti que se siente poco querida y necesita ser atendida. Esto es un recordatorio para practicar el amor propio. Sin embargo, si eliges resistirte a este mensaje de tu crítico interior y reprimir tus sentimientos, pasarás por alto estas sutiles piezas de información que te proporciona tu cuerpo e ignorarás la parte de ti que está pidiendo ayuda. No escucharás el verdadero mensaje que tu mente está tratando de transmitir.

La incredulidad no es dudar de uno mismo

Tal vez estés confundido. ¿La incredulidad crea más dudas sobre uno mismo? Si no puedes confiar en tus propios pensamientos, ¿no estás dudando de ti mismo?

Dudar de tus pensamientos no es lo mismo que dudar de ti mismo, porque tú no eres tus pensamientos. Hay una separación entre nuestro verdadero ser y nuestra mente. Tenemos una mente, pero no somos nuestra mente. Tenemos pensamientos, pero no somos nuestros pensamientos. En realidad somos la conciencia que los percibe. Algunas personas llaman a este perceptor «espíritu»; otras lo llaman «conciencia superior» o «ser superior». La mente genera los pensamientos; el perceptor los observa. Cuando no crees, estás dudando de los pensamientos, no estás dudando de ti mismo, sólo eres el perceptor.

> *Dudar de ti mismo es creer*
> *que no puedes hacer algo.*

Además, la duda es la falta de confianza en tus capacidades. Es la creencia de que no puedes hacer algo. Pero, a diferencia de la subpersonalidad de víctima, no evalúa tu autoestima, sino tu capacidad para hacer algo. Cuando dudas de ti mismo, puedes hacerte preguntas retóricas como:

- ¿Y si no le gusto a la gente?
- ¿Y si no puedo hacerlo?
- ¿Estoy tomando la decisión correcta?

No te haces estas preguntas porque te interese saber la respuesta. Te las haces porque no confías en tu propia capacidad para hacer algo. En el fondo, crees que tomarás una decisión equivocada y que te arrepentirás o fracasarás. Cuando te haces estas preguntas, en realidad estás buscando una validación que apoye la creencia de que no puedes hacer algo. Entonces, ¿qué es no creer?

Si te sientes en conflicto e incapaz de actuar, es porque las diferentes subpersonalidades te confunden con sus puntos de vista opuestos. Tal vez sientas que todas tienen razón y no sepas a quién hacer caso. Te cuestionas cuál es la correcta. En lugar de asumir la responsabilidad y tomar una decisión, dejas que tus subpersonalidades se peleen entre ellas.

No creer es diferente. Cuando no crees, escuchas todas las opiniones sin creer todo lo que oyes y luego tomas una decisión. Eres escéptico con todas las opiniones, no sólo con una en particular. Cuando tomas una decisión, pasas a la acción. Ya no tienes que dudar de tu decisión, pero no porque creas o sepas con certeza que es la correcta, sino porque asumes la responsabilidad de tu decisión. Incluso aunque el resultado no sea exactamente el que quieres, sabes que siempre podrás cambiar tu enfoque y modificar tu camino. Esta es la diferencia entre la incredulidad y dudar de uno mismo.

SEGUNDA PARTE
¿Cómo podemos aprender a no creer?

Cambiar un hábito puede ser un reto. Podemos ser conscientes de que nuestros comportamientos nos hacen sufrir. Sin embargo, seguimos con nuestros hábitos porque estamos muy acostumbrados a ellos o no sabemos comportarnos de otra manera. Por ejemplo, puede que sepas que tu adicción al juego es sólo una forma de escapar de la sensación de no ser digno, pero sigues jugando porque no sabes cómo parar. Así que la salida fácil es hacer algo con lo que ya te sientes cómodo: jugar.

Tener un plan es importante. Nos da unas pautas que seguir cuando nuestros hábitos vuelven a aparecer. Esto es especialmente útil cuando creamos un nuevo hábito y tenemos tendencia a olvidar los pasos. Si no planificamos por adelantado algo para sustituir nuestras reacciones, la mayoría de nosotros tomará el camino más fácil y reaccionaremos como acostumbramos a hacerlo cuando tenemos pensamientos autocríticos. Por lo tanto, es mejor tener un plan preparado para saber exactamente qué hacer cuando vuelvas a ser demasiado duro contigo mismo.

Para sustituir cualquier hábito,
hay que ser constante.

Para que tu mente adopte el nuevo hábito de la incredulidad, debes practicarlo con regularidad para que tu cerebro forme nuevas vías neuronales para abrirle camino y debilite el antiguo hábito. Como con cualquier hábito, cuanto más lo hagas, más fácil te resultará.

En los próximos capítulos encontrarás el proceso que utilizo para cambiar mis reacciones a la autocrítica. Lo llamo «Proceso de descreimiento». Dentro de cada paso sugiero diversas acciones que puedes realizar. Puedes seguir las mismas acciones que yo, pero te recomiendo que las elijas y personalices un poco según lo que más te convenga.

5

Paso n.° 1: Sé consciente de tus pensamientos

«La causa principal de la infelicidad nunca son las circunstancias, sino el pensamiento sobre ellas. Sé consciente de los pensamientos que tienes.»

—ECKHART TOLLE, *UNA NUEVA TIERRA*

«A algunas mujeres puede que les quede bien. ¿Pero a ti? No tienes ningún encanto. Sólo eres gorda y ordinaria», le dijo una señora a otra en un bar.

Esta frase es de la introducción del anuncio de Dove Francia, *One Beautiful Thought*, que se emitió en 2015.[9]

---

9. Goldfield Rodrigues, Brittany, «Dove's "One Beautiful Thought" Shows What It Would Sound Like If Your Inner Critic Spoke Out Loud», *Huffington Post*, 30 de marzo de 2015. https://www.huffingtonpost.com/2015/03/30/dove-one-beautiful-thought-campaign_n_6964000.html

En este anuncio, los creativos consiguen que varias mujeres anoten en un cuaderno cualquier pensamiento que tengan sobre su aspecto. Después convirtieron esos pensamientos en un guión para que actuaran dos actrices. Invitaron a las incautas mujeres a tomar un café para que pudieran escuchar a las actrices repetir sus palabras en la mesa de al lado.

Mientras escuchaban la conversación de las actrices, las señoras se dieron cuenta de que se estaban pronunciando en voz alta los pensamientos que habían escrito. Se quedaron sorprendidas y horrorizadas por lo violento y duro que sonaba su diálogo interior al ser pronunciado por otra persona. Era tan horrible que algunas de ellas tuvieron que interrumpir la conversación y pedirle a la actriz que parara.

El anuncio terminaba con este poderoso mensaje:

«Si no es aceptable decírselo a otra persona, ¿por qué nos lo decimos a nosotras mismas?»

Este anuncio no sólo nos muestra lo hirientes y críticos que pueden llegar a ser nuestros pensamientos, sino lo ajenos que somos a la autocrítica. Si no hacemos un balance de nuestros pensamientos y los observamos externamente, es posible que ni siquiera sepamos lo duro o insidioso que puede ser nuestro crítico interior. Inesperadamente, un comentario o una pregunta aparentemente inofensiva de nuestra mente puede:

- Impedirnos perseguir nuestros sueños.
- Mantenernos en una relación tóxica.
- Aplastar nuestra autoestima.
- Hacernos sentir culpables, solos y no queridos.
- Crear miedo y dudas innecesarias.

Si somos conscientes de nuestros pensamientos críticos, podemos hacer algo al respecto. Pero el problema es que la mayoría de nosotros no nos damos cuenta de nuestros pensamientos. Nuestra mente genera pensamientos con tanta rapidez que nos los creemos y reaccionamos de inmediato, antes de ser totalmente conscientes de ellos.

La conciencia es todo lo que necesitas.

Ser consciente de tus pensamientos es el primer y más importante paso en el proceso de descreimiento. Para descreer tus pensamientos, primero debes ser consciente de ellos. Si sólo tienes tiempo para practicar uno de los pasos, es éste. Sólo con notar tus pensamientos, puedes reducir significativamente el ruido en tu cabeza. Pruébalo ahora. Coge un bolígrafo y un papel y, durante los próximos cinco minutos, escribe los pensamientos que te vengan a la cabeza.

¿Cuál es tu experiencia? ¿Hay más pensamientos después de los cinco minutos o hay un periodo sin pensamientos antes de que se acabe el tiempo? ¿Los pensamientos son repetitivos o únicos?

Si eres como la mayoría de la gente, te darás cuenta de que tu flujo de pensamientos es repetitivo y se reduce al cabo de cinco minutos. Cuando observas tu mente, se vuelve más silenciosa. No tiene mucho que decir. Sin embargo, no siempre es fácil permanecer atento, sobre todo cuando estás ocupado haciendo otra cosa.

Antes de hablar sobre algunas de las acciones que podemos llevar a cabo para ser más conscientes de nuestros pensamientos, veamos cuáles son los obstáculos que nos impiden ser más conscientes.

¿Por qué no somos conscientes de nuestra autocrítica?

Si estás leyendo este libro, probablemente seas consciente hasta cierto punto de tu diálogo interno negativo y sus consecuencias, pero ¿eres consciente de este discurso cada vez que aparece? He aquí dos razones por las que no somos conscientes de nuestra tendencia a la autocrítica.

1. La autocrítica es sutil y esquiva

Mientras me tomaba un descanso para escribir este capítulo, fui a la nevera a buscar una tableta de chocolate. No podía abrirla fácilmente, así que automáticamente eché mano de las tijeras que tenía a mi izquierda. En ese momento, me sorprendí. Estaba de pie allí sin ningún pensamiento consciente y noté que mi mano izquierda dejaba la barra de chocolate y alcanzaba el par de tijeras. Sucedió en una fracción de segundo. Yo no le había dicho a mi mano que se moviera. No había dado ninguna orden verbal a mi mente. ¿Por qué se movió mi mano? Aunque sé que la mente subconsciente controla nuestros comportamientos habituales, me sorprendió que mi mano se moviera automáticamente, sin que yo la controlara conscientemente.

Esto me hizo pensar: ¿Qué son exactamente los pensamientos? Un estudio estima que tenemos una media de 70.000 pensamientos al día. Si haces el cálculo, eso supone 0,8 pensamientos por segundo. ¿Cómo es posible? Ni si quiera puedes completar una frase en un segundo. Si crees este estudio o no, no importa. Todo depende de qué sean para ti los pensamientos.

Un pensamiento no son sólo palabras.
También puede ser una imagen o una señal
para hacer algo.

Los pensamientos no sólo son creados por nuestro pensamiento consciente. La mente subconsciente también crea pensamientos, y a veces son tan sutiles que nos resulta difícil reconocerlos. Cuando intentaba abrir la tableta de chocolate, seguramente mis neuronas estaban transmitiendo estos mensajes de forma no verbal:

- *Oye, esto no se abre.*
- *¿Qué debo hacer?*
- *Ve a buscar unas tijeras.*
- *¿Dónde están las tijeras?*
- *Están a tu izquierda.*

Mi cerebro procesa toda esta información en menos de un segundo, y en ese tiempo también recupera el recuerdo de todas las veces que resolví problemas similares, la imagen de las tijeras y el lugar en el que estaban colocadas. Es difícil que nos demos cuenta de nuestra autocrítica porque la mente subconsciente opera de la misma manera, eficientemente, con la autoconversión negativa. Es rápida, persistente y repetitiva. Has visto a alguien que tiene más éxito que tú en las redes sociales y, antes de darte cuenta, te sientes mal contigo mismo. Puede que ni siquiera tengas pensamientos verbales sobre lo malo que eres. Puede ser sólo una imagen o un recuerdo de una época en la que te sentiste mal tras ser comparado con tus hermanos o compañeros de clase. La primera vez que experimentaste algo así, puede que lo analizaras lentamente, pero cuanto más interpreta tu mente situaciones similares de forma negativa, más automática se vuelve.

Nuestras críticas internas nos hacen más daño cuando son sutiles. Unos cuantos comentarios casuales como: ¿Por qué no puedes ser como él?, Tu relación no va a durar y ¿Crees que puedes hacerlo?, pueden inducirnos a la autocompasión o a realizar acciones inconscientes y autodestructivas.

2. Nos identificamos con nuestra autocrítica

Eckhart Tolle dijo una vez: «Si no eres consciente de ello, lo eres». Otra razón por la que es tan difícil ser consciente de la autocrítica es que no mantenemos una separación entre nuestro verdadero yo y las voces de nuestra cabeza. Nos identificamos con nuestros pensamientos subconscientes como si fuéramos eso.

Por ejemplo, si tienes un coche, tú y tu coche estáis separados. Aunque tu coche te dé problemas, tú no eres el coche. Lo mismo ocurre con la conciencia y la mente. Están separadas, pero como están dentro de nosotros y no podemos verlas claramente, nos da la sensación de que todo es una unidad.

Es difícil ver tus pensamientos cuando estás en tus pensamientos.

Necesitas alejarte de tus pensamientos para verlos claramente. Si pones este libro demasiado cerca de tu cara, no podrás leerlo. Las letras se verán desenfocadas. Al igual que tienes que apartarte para leer el libro, necesitas mantener un espacio entre tú y tus pensamientos para ser consciente de ellos.

Por eso es difícil darse cuenta de la autocrítica y mucho más fácil ser conscientes cuando otras personas nos critican y juzgan. Puedes ver el peligro cuando el crítico está fuera de ti, pero no puedes distinguirlo cuando estás demasiado cerca de tus pensamientos.

Además, algunos de nosotros vemos la autocrítica como un medio necesario para la autodisciplina. En lugar de reconocer que nuestros pensamientos subconscientes son automáticos y condicionados, participamos en la crítica, pensando que es buena para nosotros. No hacemos el esfuerzo de ser conscientes de nuestros pensamientos.

La mayoría de nosotros sólo somos conscientes de nuestra autocrítica cuando se vuelve demasiado dura o cuando otra persona nos dice que somos demasiado duros con nosotros mismos. ¿Cómo podemos ser más conscientes de nuestros pensamientos?

¿Cómo podemos lograr una mayor conciencia?

En primer lugar, es imposible sentarse, meditar y escuchar nuestros 70.000 pensamientos cada día. No te estoy pidiendo que lo hagas porque esto no es ser consciente. Tomar conciencia no es poner toda tu atención en tus pensamientos. Es reconocer la existencia de tus pensamientos. Es algo ligero, como una burbuja, y mucho menos intenso que concentrarse en algo concreto. Es como cuando alguien envía un mensaje a tu móvil para informarte de algo y tú responden «tomo nota». Acusas recibo del mensaje, pero no te dejas arrastrar por la corriente interminable de tus pensamientos.

En segundo lugar, reconocer tus pensamientos es secundario a la actividad principal que estás realizando. Si estás caminando, tu atención debe centrarse en caminar. Si estás comiendo, tu atención se centra en comer. Cuando surge un pensamiento, te das cuenta. Pero cuando no hay ningún pensamiento, no desperdicias tu energía esperando que llegue el siguiente. Si estás anticipando un pensamiento, es probable que acabes perdiéndote en lugar de ser consciente del proceso.

En tercer lugar, la mayoría de los pensamientos siguen un patrón. Son iguales. No hay nada nuevo en ellos. El objetivo aquí no es ser consciente de todos tus pensamientos, sino construir un hábito de conciencia para que puedas reconocer tus patrones de pensamiento habituales y tus reacciones ante ellos. De todos modos, la mayoría de nuestros pensamientos habituales nos ayudan en la vida y no necesitamos hacer nada con ellos. Por ejemplo, cuando busqué las tijeras para abrir la tableta de chocolate. Nos preocupan más los pensamientos que desencadenan reacciones emocionales.

Hay diferentes maneras de ser más consciente de tus pensamientos. A continuación te presento las cuatro actividades que yo practico. Puedes utilizarlas como guía o puedes inventar algo propio. Sólo ten en cuenta que una actividad efectiva puede:

- Ayudarte a salir de sus patrones de pensamiento habituales.
- Recordarte la diferencia entre tu verdadero yo y tu mente.

1. Utiliza una alarma

Tomar conciencia de tus pensamientos puede ser difícil, sobre todo si eres principiante. Necesitarás algo que te recuerde constantemente que debes ser consciente. Si no hay algo externo que te despierte de tu hábito de autocrítica, no te acordarás de ser consciente de tus pensamientos. Aunque no seas un principiante, sería bueno que usaras un despertador o la alarma de tu teléfono. Hace ocho años que utilicé una alarma por primera vez, y sigo usándola hoy en día. La única época en que no utilicé el despertador fue cuando mi vida iba cuesta abajo y caí en la depresión.

Todos necesitamos un recordatorio externo para sacarnos de nuestros hábitos de pensamiento.

Puede que te preocupe que poner una alarma interrumpa tu trabajo, pero está pensada para ello. Si no lo hace, no servirá para cambiar tus hábitos mentales. Cuando trabajaba en la oficina, solía programar la alarma del teléfono cada hora para recordarme que debía comprobar la calidad de mis pensamientos. Sonaba cuando estaba concentrado en mi trabajo. Sonaba cuando hablaba con mi jefe. A veces me molestaba, pero era útil. Cada vez que lo comprobaba, me daba cuenta de lo ruidosos y negativos que eran mis pensamientos. Así que dale la bienvenida a la alarma: puede ser un gran maestro espiritual.

Para que el sonido sea menos intrusivo, puedes poner el temporizador en el modo de vibración cuando estés en el trabajo o estés ocupado. Tanto si utilizas el sonido como la vibración, asegúrate de que sea distintivo, para no confundirlo con otros mensajes que llegan a tu teléfono. De hecho, lo mejor es que desactives las demás notificaciones para no confundirte.

En la actualidad he incorporado la alarma a mi trabajo. Para ello utilizo la técnica Pomodoro, una técnica de gestión del tiempo creada por Francesco Cirillo a finales de la década de 1980. Se trata de fraccionar el trabajo en franjas de tiempo y hacer una pequeña pausa entre cada periodo. Después de cuatro franjas de tiempo o más, puedes programar un descanso más largo. La clave es estar muy concentrado en el trabajo durante los periodos de tiempo y dejar que tu mente se relaje regularmente durante los descansos cortos. Es importante que te tomes un descanso cuando suene el temporizador porque te ayudará a reponer energías y a concentrarte en la siguiente tarea. Durante el descanso, puedes hacer estiramientos, ir al baño o dar un paseo. Yo utilizo el tiempo de descanso para revisar mis pensamientos y despertar la conciencia. Lo llamo «la pausa de la atención plena». Se supone que estas pausas te ayudan a ser más productivo, aunque también puedes utilizarlas para la práctica espiritual.

La duración de los periodos y lo que hagas en los descansos depende de ti. Para que la técnica sea eficaz, lo mejor es establecer franjas de tiempo de 45 minutos o menos. Yo establezco mi tiempo de trabajo en 27 minutos y las pausas en tres minutos. Sin embargo, no soy demasiado rígido con las pausas más largas. No pongo alarmas para ellas. Cuando me canso después de unos cuantos periodos de tiempo (normalmente de cuatro a seis), simplemente hago una pausa más larga para comer algo, leer un libro o charlar con alguien.

Puedes descargar una aplicación de temporizador que te ayude a poner en práctica esta técnica. Sólo tienes que buscar la frase «Pomodoro Timer» en tu tienda de aplicaciones y elegir la que más te guste. La que yo uso se llama *Brain Focus*. Si te gusta escuchar el sonido de las campanas, puedes buscar *Mindfulness Bell*. El sonido de las campanas te recordará que debes estar atento mientras te tomas tu descanso.

2. Una sola tarea

Un proverbio ruso dice: «Si persigues dos conejos, no atraparás a ninguno». Lo mismo ocurre con los pensamientos: si sigues dos hilos de pensamiento, no serás consciente de ninguno.

En el libro *Lo único*, [10] de Gary Keller y Jay Papasan, los autores mencionan que somos capaces de hacer dos cosas a la vez, pero no podemos concentrarnos en dos cosas o más a la vez. Digamos que estás usando una parte de tu cerebro

---

10. Aguilar, Madrid, 2020.

para completar una tarea. Cuando quieras hacer otra cosa, tendrás que redirigir la atención de una parte de tu cerebro a otra. Aunque sigas haciendo la primera tarea, la atención ya no estará ahí, sino en la segunda tarea.

La mayoría de nosotros no podemos prestar atención a diferentes partes de nuestro cerebro al mismo tiempo. Pasar de una tarea a otra agota nuestra capacidad cerebral y acabamos confiando en nuestros hábitos. Cuando realizamos varias tareas a la vez, dejamos que los diferentes hilos de pensamiento dentro de nuestra cabeza nos dirijan. Nuestra mente consciente está demasiado cansada para cuestionarlos. Todo lo que hacemos se convierte en algo automático y perdemos la esencia de nuestros pensamientos. Esto permite que estos se cuelen entre las grietas y tomen el control de nuestra conciencia.

La monotarea te permite escuchar tus pensamientos con claridad.

Cuando estamos presentes y concentrados en una tarea, somos naturalmente más conscientes de nuestros pensamientos distractores. Estos pensamientos son tan inconfundibles que es como oír caer un alfiler en una habitación silenciosa. Cuando realizas una tarea con atención plena, cualquier pensamiento que te aleje de tu presencia o se entrometa en tu actividad puede detectarse fácilmente. Por eso los practicantes de *mindfulness* suelen centrarse en una sola tarea a la vez.

Por ejemplo, cuando pones el 100% de tu atención en comer y disfrutar de cada bocado, cualquier pensamiento que no ayude se oirá alto y claro. Seremos fácilmente conscientes de él porque no tendrá nada que ver con la comida que estaremos ingiriendo. Pero si comemos mientras usamos el teléfono o hablamos con otras personas, aunque los pensamientos salgan a la superficie, es posible que no podamos escucharlos porque habrá demasiadas cosas que requieran nuestra atención simultáneamente. A veces es difícil realizar una sola cosa, especialmente para las personas que están muy acostumbradas a la multitarea. La clave es establecer una intención clara antes de empezar una actividad y crear un entorno que fomente la monotarea. Una vez más, yo utilizo la técnica Pomodoro. Cada mañana, antes de escribir, hago un repaso mental de lo que quiero decir. Cuando pulso el botón de inicio de mi aplicación Pomodoro, sé que tengo que centrarme en la escritura. Si surgen otros pensamientos que me alejan de la escritura, tomo nota mental para más tarde o los escribo en un papel. En cuanto a mi entorno, despejo la mesa y elimino cualquier desorden que pueda causar distracciones o que no esté relacionado con la tarea que voy a realizar. También cierro la puerta para minimizar las molestias externas.

3. Diario

A veces no es fácil darte cuenta de tus pensamientos negativos. Aunque pongas una alarma, puede que sigas pensando en tu trabajo cuando te tomes un descanso. Tal vez estés tan absorto en tu tarea que ignores o apagues la alarma. También puede haber días en los que, sin saberlo, te dejes distraer por tus pensamientos críticos y pases horas reaccionando a ellos.

Escribir un diario puede ser tu última línea de defensa. Te permitirá capturar los errores que cometes durante el día. Te servirá para exteriorizar tus pensamientos e identificar los patrones negativos. Ver tus pensamientos por escrito puede ayudarte a evitar identificarte con ellos.

> *Escribir un diario nos ayuda a observar nuestros pensamientos en lugar de mirar el mundo desde su perspectiva.*

Hay dos maneras de llevar un diario. Puedes hacerlo cada vez que tu mente se ponga ruidosa o puedes hacerlo al final del día, como parte de tu revisión diaria.

La primera forma es utilizar el diario para comprobar la calidad de tus pensamientos en cada momento. Ya lo hemos practicado al principio de este capítulo. Lo único que tienes que hacer es coger un bolígrafo y un papel y escribir los pensamientos que te vengan a la cabeza durante dos o cinco minutos utilizando viñetas. Después, puedes revisar los pensamientos que has escrito e identificar las creencias que se esconden tras ellos.

Este método es bueno para captar y distinguir los diferentes tipos y formas de autocrítica. Algunos pensamientos negativos pueden presentarse en forma de preguntas. En lugar de «Deberías avergonzarte de ti mismo», puede aparecer una pregunta retórica como: «¿No crees que lo que has hecho está mal?» Ambas frases hacen que te sientas mal, aunque estén redactadas de forma diferente.

También hay muchos tipos diferentes de crítica. En su libro *Freedom from Your Inner Critic*,[11] Jay Earley y Bonnie Weiss identifican siete tipos específicos de críticos internos, entre ellos:

- El Perfeccionista.
- El Controlador Interior.
- El Jefe Exigente.
- El Minador.
- El Destructor.
- El Turista de la Culpa.
- El Moldeador.

11. Sounds True, Louisville, Colorado, 2013.

Puedes utilizar las denominaciones sugeridas en este libro o crear tus propios nombres para tus críticos internos. Algunas personas incluso dibujan a sus críticos internos para tomar distancia con ellos. Lo más importante es darte cuenta de que conocer las distintas formas y tipos de autocríticas puede ayudarte a ser más consciente de ellas en el futuro.

4. Revisión antes de dormir

Yo prefiero utilizar el segundo método de llevar un diario, que consiste en escribir como parte de mi revisión diaria. Cada noche, después de la cena, hago un repaso de mi día. Durante este tiempo, reflexiono sobre lo que he hecho durante el día, incluyendo lo que he hecho bien y cómo podría mejorar los resultados. Lo escribo todo y me guardo las lecciones que he aprendido para el día siguiente.

Podemos ver nuestras acciones, pero no podemos ver nuestros pensamientos y emociones.

La razón por la que la reflexión es tan útil es que nos hace más conscientes de nuestros comportamientos que de nuestros pensamientos y emociones. Podemos darnos cuenta de cómo las acciones que realizamos no nos sirven, pero no es tan fácil hacerlo con nuestros pensamientos y emociones. Algunas personas que están más en sintonía con sus emociones pueden ser capaces de reconocer que se sienten enfadadas e infelices, pero pueden no ser conscientes de los pensamientos negativos que han desencadenado estos sentimientos.

Nuestros pensamientos, emociones y acciones se influyen mutuamente. Si no puedes identificar tus pensamientos, presta atención a tus emociones y acciones. Anota cómo te sientes y actúas durante el día. A continuación, utilízalo para rastrear tus pensamientos y creencias subyacentes. (Más información sobre esto en el capítulo 8).

Lo bueno de hacer una revisión diaria es que cuando tu mente se vuelve ruidosa, puedes decirle que vuelva más tarde y se reúna contigo por la noche. Reconozco la existencia de mi crítico interior y le doy una plataforma para que discuta conmigo los problemas y las preocupaciones. De este modo, puedo centrarme en la tarea que tengo entre manos y no distraerme con mis pensamientos críticos. Además, hacer un repaso diario me ayuda a aliviar o resolver cualquier problema cotidiano en lugar de dejar que se acumule y se convierta en algo inmanejable, como la depresión.

Una vez más, no hay reglas estrictas para hacer la revisión nocturna. En lugar de hacerla después de la cena, puedes optar por hacerla justo antes de acostarte, justo después de lavarte los dientes. La cantidad de tiempo que escribas también depende de ti. Si tienes tiempo, puedes dedicar treinta minutos o más a la revisión. Yo suelo dedicar entre cinco y quince minutos y sólo escribo acerca de un área de mejora. Me parece más eficaz trabajar en un área a la vez, en lugar de enumerar varias cosas que es menos probable que logre.

6

Paso n.º 2: Descree todos tus pensamientos

«Reducir tu impulso hacia adelante es el primer paso para liberarte de las creencias, hábitos, sentimientos y ocupaciones que pueden estar limitándote.»

—Peter Bregman, *18 minutos*

Cuando éramos niños, teníamos el poder de la duda. Cuestionábamos todo lo que nos decían nuestros padres. Cuando nuestros padres nos pedían que hiciéramos algo, les preguntábamos por qué: «¿Por qué tenemos que lavarnos los dientes? ¿Por qué tenemos que acostarnos temprano? ¿Por qué papá puede ver la televisión y nosotros no?» Éramos curiosos y hacíamos muchas preguntas sobre la gente y el mundo que nos rodeaba.

Para la mayoría de los padres, esta etapa de la crianza de los hijos es bastante frustrante porque cada respuesta va seguida de otra pregunta. Pero lo que realmente les molesta es que sus hijos se hagan preguntas que no pueden responder. Como adultos, la mayoría de las cosas que hacemos se basan en lo que nos transmitieron nuestros abuelos o en las normas sociales. Seguimos esas normas por supervivencia y porque es lo que hace todo el mundo. Ya no nos cuestionamos por qué hacemos lo que hacemos. Por eso, cuando los niños preguntan a sus padres por qué tienen que hacer ciertas cosas, algunos padres los ignoran: «¿Cómo que por qué? Haz lo que te digo». O mienten para que sus hijos hagan lo que ellos quieren: «Si no te comportas y te sientas y te callas, vendrá la policía y te detendrá».

Los niños no sólo son curiosos, sino que también dudan mucho. Cuando les dices que no hagan algo, algunos seguirán haciéndolo porque simplemente no te creen. No es que los niños sean traviesos o desobedientes. Todavía no tienen el concepto de lo que está bien o mal, así que quieren probar lo que pueden o no pueden hacer. Los niños sólo dejan de intentarlo cuando les ocurre algo malo repetidamente, por ejemplo, caerse del sofá o quemarse con la tetera caliente. Necesitan aprender por sí mismos antes de empezar a escuchar a sus padres. Este es el poder de la duda.

Con el tiempo, los niños obedecen a sus padres;
dejan de dudar de sus pensamientos.

Sin embargo, cuando empezamos a escuchar a nuestros padres y a creer en lo que dicen, nuestro deseo de dudar empieza a disminuir. Nuestra mente se siente tan cómoda operando con el piloto automático que ya no cuestionamos lo que hacemos.

Afortunadamente para nosotros, no hemos perdido nuestra capacidad de dudar, sólo que no la utilizamos activamente. Cada vez que elegimos escuchar a una subpersonalidad en lugar de otra, estamos, en esencia, dudando. Tenemos muchas subpersonalidades viviendo en nuestra cabeza. Si creyéramos todos sus puntos de vista, nos veríamos incapaces de funcionar, sobrevivir y tomar decisiones. A veces, incluso nuestros críticos interiores son anulados por otras subpersonalidades más positivas. Cuando tu crítico interior te dice: «Ni siquiera le gustas. ¿Por qué le vas a interesar?», otra voz en tu cabeza puede anularla: «¿Y si él siente lo mismo por ti? No pierdas esta oportunidad». A veces te sientes indigno y a veces esperanzado, dependiendo de la voz que creas.

La mayoría de nosotros adoptamos un papel pasivo en la incredulidad. Dudamos de nuestros pensamientos de forma tan involuntaria que no nos damos cuenta de que nuestro crítico interior no puede hacernos daño si decidimos no creer lo que dice. En este capítulo, aprenderemos a ser más intencionales al dudar de nuestros pensamientos.

¿Por qué no creer en todos tus pensamientos?

El segundo paso del proceso de descreimiento es descreer todos los pensamientos de los que eres consciente. Sí, todos ellos. No sólo dudamos de nuestros pensamientos negativos; dudamos de todos los pensamientos. Como se mencionó al principio, la mayoría de los pensamientos son sólo una percepción de la realidad, no son reales. Cuando te das cuenta de que tienes un pensamiento, lo inmediato es recordarte a ti mismo que no debes confiar en él. Por eso no hay que aislar los malos pensamientos de los positivos:

1. Es difícil evaluar todos tus pensamientos

La sabiduría convencional te dirá que acentúes lo positivo y elimines lo negativo. Pero juzgar un pensamiento y determinar si es bueno o malo requiere energía. Hace que el cerebro trabaje más. Tenemos muchos pensamientos al día. Es tedioso y requiere mucho tiempo que la mente consciente evalúe cada uno de ellos y destaque los negativos.

Si quieres desarrollar un nuevo hábito o sustituir uno antiguo, facilita a tu cerebro la realización de la nueva rutina. De lo contrario, es posible que se rinda cuando sea difícil y puede volver a los viejos hábitos. Descreer todos tus pensamientos es más fácil y sencillo que decidir de cuáles dudar. Ayuda a facilitar el paso de juzgar tus pensamientos y requiere poco o ningún esfuerzo por tu parte.

> *Descreer tus pensamientos no requiere que hagas nada.*

Sólo tienes que escuchar y observar. Después de dudar de tus pensamientos, si todavía sientes el impulso de reaccionar, no lo hagas. La energía del hábito dentro de ti es todavía muy fuerte y te está empujando a actuar de una manera a la que estás acostumbrado. El propósito de este paso no es detener tu reacción. Es abrirte a la posibilidad de que tus pensamientos puedan ser erróneos. También interrumpirá el impulso de tus hábitos.

Cuando surge la autocrítica, aunque sea un breve segundo de incredulidad antes de reaccionar a ella por hábito, es suficiente, ya que hay una pequeña brecha entre tus pensamientos y tu conciencia. Ya no estás controlado inconscientemente ni sigues a ciegas las instrucciones de tu mente. Esto te ayudará a darte cuenta de que las historias creadas por la mente no son ciertas. También debilita el poder de tus hábitos y no te sentirás tan recompensado por reaccionar a tus pensamientos críticos.

2. Es inútil aislar tus pensamientos porque son todos neutrales

En principio, nuestros pensamientos no son ni negativos ni positivos. Son neutros. Sólo se convierten en positivos o negativos cuando los juzgamos así. Afirmaciones como «no soy lo suficientemente bueno», «no soy digno de amor» y «no merezco tener éxito» no tienen ningún impacto en nosotros si no las creemos. Por el contrario, creer en las llamadas afirmaciones positivas como «puedo hacerlo», «merezco ser amado» y «voy a alcanzar mis objetivos» no te hace necesariamente más feliz. Este tipo de afirmaciones pueden causar decepción o sufrimiento cuando las cosas no salen como se esperaba.

Los pensamientos positivos pueden tener un resultado negativo que no deseas. No sabemos con seguridad si un pensamiento tendrá un resultado positivo o negativo hasta que actuamos sobre él. Si eres una persona que realiza un trabajo creativo, sabrás que tu primera idea no siempre es la mejor. Una idea aparentemente buena puede no tener el impacto que esperas.

*Los pensamientos son sugerencias, y éstas no
deben considerarse verdades absolutas.*

Los pensamientos representan las diferentes percepciones de tus subpersonalidades. No existe lo correcto ni lo incorrecto. Un pensamiento neutro también puede llevar a la crítica. A veces, cuando me atasco al escribir, mi mente me dice que investigue en Internet. Buscar información es una acción inofensiva y neutral. Pero si no estuviera lo suficientemente alerta y siguiera una sugerencia tras otra, podría acabar dedicándome a investigar demasiado o a ver algún vídeo al azar en Internet, y luego recibir una reprimenda de mi crítico interior por no centrarme en mi trabajo.

Tu autocrítica no la inicia tu crítico interior, sino que comienza cuando una de tus subpersonalidades te hace una sugerencia al azar. En lugar de seleccionar y descreer sólo los pensamientos críticos, es mejor dudar primero de todas las sugerencias y tratar a todas tus subpersonalidades y pensamientos por igual.

3. El verdadero escepticismo no adopta ninguna posición

Cuando decides que un pensamiento es positivo o negativo, ya has fallado en el descreimiento. El verdadero escepticismo requiere que estés abierto y suspendas todos tus juicios. Cuando piensas que algo es bueno, tu mente naturalmente lo defenderá y querrá más. Cuando crees que algo es malo, tu mente se resistirá de forma natural y querrá menos. Sea cual sea la posición que tomes, caes en la trampa que tu mente ha creado para ti. Has creído que un pensamiento es mejor que otro.

> *Cuando descartas un pensamiento como negativo, no consigues ver el valor que aporta.*

No puedes comprobar la autenticidad de un pensamiento cuando tu mente tiene suposiciones preconcebidas sobre él. Cuando descrees, tienes que eliminar cualquier creencia que tengas sobre tus pensamientos. Es como comprobar dos veces tu trabajo. No compruebas tu trabajo con la suposición de que estás en lo cierto. Revisas tu trabajo como si estuvieras haciendo algo nuevo por primera vez.

Nelly, de la historia anterior, dijo que revisaba su trabajo pero que sigue cometiendo errores por descuido. Sentí curiosidad por esto y un día le pregunté: «¿Cómo revisas tu trabajo?»

Me contestó que utilizaba la calculadora para comprobar su trabajo. Finalmente, entendí por qué no era capaz de darse cuenta de sus errores. Había asumido que su trabajo y sus pasos eran correctos y que sólo el cálculo podía estar mal. Pero comprobar el cálculo no tiene sentido si la operación es errónea desde el principio. Había descuidado la comprobación de sus respuestas como si fuera la primera vez que resolvía los problemas, lo que permitió que sus errores le pasaran desapercibidos.

No creer no significa no actuar. No necesitas saber si tus pensamientos son positivos o no para actuar en consecuencia. Se trata de probarlos por ti mismo y ser tu propio investigador. No tienes que seguir ni reaccionar a tus pensamientos, pero esto tampoco significa que no puedas aceptar sugerencias. A diferencia de cuando juzgas tus pensamientos, estás limitando tus opciones desde el principio.

Cómo separar la realidad de la ficción

Para los principiantes, sé lo difícil que es no creer en tus pensamientos, especialmente en los que te critican. A menudo cuestionamos lo que nos dicen los demás, pero rara vez cuestionamos lo que dicen nuestros críticos interiores. Las críticas suenan tan reales que no puedes evitar creerlas. Cuando empiezas a dar este paso en el proceso, es bueno hacerse la pregunta: «¿Es cierto este pensamiento?»

Si te preguntas «¿es esto cierto?», te abres
a la posibilidad de que tus pensamientos
puedan ser falsos.

Ni siquiera tienes que creer que tu autocrítica es falsa. Sólo debes considerar la posibilidad de que sea falsa. Hacer esto te ayudará mucho en el proceso de descreimiento.

Nuestras mentes son extremadamente buenas contando historias. Así es como nos comunicamos y aprendemos de los demás. Pero contarse historias no aporta la paz interior que deseas. Ya sea una historia feliz o triste, las historias que te cuenta tu mente suelen ser exageradas y falsas.

A continuación te propongo una lista de palabras comunes que nuestros críticos interiores utilizan para hacernos sentir indignos. La lista no pretende ser exhaustiva, pero puede servirte para empezar a aprender a separar la verdad de la ficción. Ten cuidado de no entrar en un debate lógico y cognitivo con tu subconsciente. Recuerda que no atiende a razones. Tampoco se trata de cambiar tus creencias. Se trata de no creer en tus creencias. Sólo tienes que saber que lo que dice tu mente no siempre es la verdad.

1. Yo soy_____.

Rellena el espacio en blanco con: un mal padre, un pusilánime, un don nadie, un perdedor, perezoso, estúpido, demasiado sensible, demasiado tranquilo...

Quizá las dos palabras más poderosas en español sean: «Yo soy». Utilizamos estas dos palabras para describirnos y construir nuestra identidad. Las palabras que van a continuación no sólo determinan cómo nos vemos a nosotros mismos, sino que también tienen un gran impacto en cómo vivimos, nos comportamos, pensamos y sentimos.

Cuando utilizamos constantemente afirmaciones positivas como «soy amable, soy compasivo y soy una buena persona», es más probable que nos sintamos bien con nosotros mismos y con la gente que nos rodea. Sin embargo, si seguimos utilizando afirmaciones negativas como «soy aburrido, soy un fracaso y no soy digno de ser amado», acabamos teniendo una baja autoestima, nos sentimos solos y pensamos que los demás están en nuestra contra.

A menudo utilizamos las palabras «yo soy» incluso cuando la situación no tiene nada que ver con nosotros. Por ejemplo, cuando alguien nos dice que la comida que hemos cocinado está salada, pensamos que está insinuando que somos malos cocineros. Cuando nuestra relación con alguien no funciona, nos apresuramos a asumir que no somos amados o que no somos dignos de ser queridos. Aunque hayamos cometido errores en la relación, que no funcione sólo significa que en algún punto nos hemos equivocado. No tiene nada que ver con nuestra autoestima. No hay que confundir «he cometido errores en mi relación» con «soy un error». La primera afirmación se centra en los errores, mientras que la segunda se centra en ti como persona. Tomarse cualquier cosa como algo personal es una forma segura de disgustarse.

El sol no dice «yo soy el sol». Simplemente es el sol. No tienes que describirte a ti mismo; simplemente sé tú.

El problema de utilizar las palabras «yo soy» es que simplemente no representa lo que somos en este momento. Siempre que usamos las palabras «yo soy», nuestra mente subconsciente saca cualquier historia del pasado que pueda apoyar la afirmación que acabamos de hacer. Si crees que eres un perdedor, tu mente sacará a relucir todas las veces que has fracasado y magnificará la intensidad de tus problemas actuales. Tus derrotas pasadas no representan correctamente lo que eres ahora. Así que lo mejor es dejar de lado cualquier juicio que tengas sobre ti mismo y simplemente ser.

2. No soy suficientemente _____.

Completa el espacio en blanco con: bueno, único, especial, perfecto, merecedor, exitoso, guapo, trabajador…

A diferencia de las palabras «yo soy», que enfatizan nuestros rasgos negativos, las palabras «no soy suficientemente» se centran en nuestra falta de rasgos positivos. Cuando utilizamos las palabras «no soy suficientemente», nos comparamos con una imagen ideal de nosotros mismos, con nuestras expectativas irreales o con otras personas. Esto nos hace sentirnos insatisfechos.

«No soy lo suficientemente bueno» es una de las mentiras más comunes que nos decimos a nosotros mismos. Para empezar, la mayoría de nosotros no tenemos un nivel constante de «suficientemente buenos». Si dices que no eres lo suficientemente bueno, ¿qué necesitas conseguir para sentirte lo suficientemente bueno? ¿Un millón de dólares? ¿La aprobación de todos tus amigos y familiares? ¿Gustar a todo el mundo?

Si no tenemos una medida de nuestra autoestima, ¿cómo podemos alcanzar nuestros objetivos, incluido el de tener una vida plena? Necesitamos saber hacia dónde nos dirigimos antes de poder determinar que hemos llegado al destino. ¿No es así? Sin saber qué es «suficiente» para ti, estarás criticándote a ti mismo para nada. Así que siempre que sientas que te falta algo pregúntate:

- ¿Cuál es mi definición de «suficiente»?
- ¿Cuándo será suficiente para mí?
- ¿Me sentiré «suficientemente bueno» cuando consiga aquello que considero suficiente?
- ¿Es realista y alcanzable?

Los que tenemos normas claras sobre lo que significa «suficientemente bueno» también podemos tener altas expectativas. Nos fijamos objetivos poco realistas que son imposibles de alcanzar o nos comparamos con personas que tienen mucho más éxito que nosotros. Incluso cuando estamos en camino de alcanzar nuestros objetivos, nos frustramos y sentimos que no los estamos alcanzando lo suficientemente rápido porque nos juzgamos constantemente en comparación con algo o alguien que creemos que es mejor que nosotros.

El ego tiene la costumbre de querer siempre más. Nunca puede estar satisfecho.

Nuestra mente tiene un hambre insaciable que nos hace querer más. Cada vez que conseguimos lo que deseamos, la mente nos da un nuevo reto que perseguir. Cuando tenemos a alguien que nos ama, deseamos más de la relación. Siempre habrá una próxima meta o más cosas que querremos conseguir. Nuestra mente nos hace creer que sólo podemos sentirnos lo suficientemente bien cuando logramos nuestros objetivos o cuando cambiamos.

Pero la verdad es que «lo suficiente» nunca será suficiente si seguimos persiguiendo cosas sin parar. «Lo suficiente» sólo puede sentirse cuando nos detenemos y apreciamos lo que tenemos y lo que somos en el presente. No es algo que podamos conseguir exteriormente; es algo que ya poseemos interiormente. Sólo nosotros podemos hacernos sentir lo suficientemente amados, aceptables y buenos en cada momento.

3. Debería (o no debería) _____.

Rellena el espacio en blanco con: (debería) hacer ejercicio, ser más cuidadoso, dedicar más tiempo a mi proyecto, saber más, (no debería) ver la televisión, comer snacks, ser tan ingenuo, perder el tiempo…

Cada vez que usamos las palabras «debería» o «no debería», estamos juzgando nuestro comportamiento y limitándonos en función de lo que creemos que es bueno para nosotros o lo que es aceptable para nuestra sociedad. Básicamente nos estamos diciendo a nosotros mismos que lo que hemos hecho o no hemos hecho está mal. Pero a diferencia de las palabras «yo soy», utilizamos las palabras «debería» y «no debería» para criticar nuestras acciones y reforzar nuestra falta de autoestima y personalidad. Las personas que creen que la crítica sirve para motivarse y disciplinarse utilizan estas dos palabras con frecuencia para castigarse por sus supuestos errores.

Sin embargo, el uso de estas dos palabras suele conducir al mismo autojuicio y a las mismas emociones negativas; por ejemplo, cuando nos decimos que deberíamos haber sabido más. También solemos interpretar que somos tontos, ingenuos o que tenemos la culpa de no haber sabido y nos sentimos mal por ello. Además, siempre que decimos que deberíamos hacer algo, reforzamos la idea de que no lo estamos haciendo. Entonces, ¿hasta qué punto puede ser motivador?

«Debería haber hecho ejercicio.» «No debería haber dejado mi trabajo.» «Debería haber pasado más tiempo con mis hijos.» ¿Cuántos juicios autoimpuestos como estos son realmente válidos? ¿Y qué pasa si no has hecho ejercicio hoy? ¿Ha tenido algún impacto en tu salud? ¿Y si no hubieras dejado tu trabajo? ¿Puedes predecir con certeza que tu vida habría sido mejor? Y si hubieras sido más consciente, ¿habrías pasado más tiempo con tus hijos?

A nuestro crítico interior no sólo le encanta evaluar nuestras acciones, sino que también le encanta exagerar el impacto que nuestras acciones tienen sobre nosotros. Faltar un día a tu entrenamiento no afectará necesariamente a tu salud. Pero fabricamos historias en nuestra cabeza, diciéndonos a nosotros mismos lo perezosos que somos o que seguramente nos saltaremos otras sesiones, y que esto acabará afectando a nuestra salud. Lo mismo ocurre con los otros dos ejemplos; no podemos estar seguros de lo que habría ocurrido si no hubiéramos dejado nuestro trabajo o si hubiéramos pasado más tiempo con nuestros hijos. Pero nuestra mente utiliza estas historias falsas para culparnos de lo que hemos hecho o dejado de hacer.

La verdad es que no puedes cambiar tu pasado, y no sabes lo que te depara el futuro.

La palabra «debería» nos saca del momento presente y crea un sufrimiento innecesario. Desear que algo sea diferente no ayuda a cambiarlo. Si has hecho algo mal, no puedes deshacerlo por muchos «debería» que utilices. Sólo puedes corregir conductas en el presente. Cuando utilizamos la palabra «debería», no estamos aceptando la realidad ni asumiendo la responsabilidad de lo que hemos hecho o dejado de hacer. Estamos huyendo de la verdad.

4. Siempre (o nunca) _____.

Rellena el espacio en blanco con: (siempre) me equivoco, llego tarde, soy olvidadizo, soy indeciso, (nunca) tendré éxito, encontraré a alguien que me quiera, lo haré bien, tendré la relación que quiero…

Dos palabras que me sorprendo utilizando con frecuencia son «siempre» y «nunca». Las utilizamos a menudo y no sólo con nosotros mismos, sino también con otras personas cercanas, como nuestra pareja, nuestros padres y nuestros hijos. Algunos ejemplos pueden ser: «Nunca pones las cosas en su sitio», «nunca lavas la ropa» y «siempre cometes los mismos errores». Pero ¿son válidas nuestras acusaciones hacia los demás y hacia nosotros mismos?

La mente utiliza estas dos palabras para exagerar y crear dramatismo: «siempre» y «nunca».

Cada vez que llegaba tarde, mi crítico interior hacía afirmaciones como: «Siempre llegas tarde. Deberías haber salido antes de casa».

Un día, reflexioné sobre esto y me di cuenta: «Oye, no siempre llego tarde. Sí, puede que llegue tarde una de cada diez veces, pero normalmente llego pronto y casi siempre soy puntual. ¿Por qué mi crítico interior dice que siempre llego tarde? ¡Qué acusación más falsa!»

¿Siempre eres tan malo como lo que tu crítico interior exagera que eres? La mayoría de las veces no lo eres. Cuando te dices a ti mismo «siempre me equivoco», ¿realmente te equivocas todas las veces? Si no es así, ¿cómo puedes concluir que siempre te equivocas? Incluso si te equivocas con frecuencia pero hay una vez que aciertas, no puedes decir que te equivocas todo el tiempo. Simplemente no es cierto. La palabra «nunca» funciona de la misma manera. Cuando decimos que nunca somos felices ni tenemos éxito, excluimos todas las veces que estamos perfectamente bien y tenemos éxito.

Es más fácil identificar nuestros errores y machacarnos a nosotros mismos que reconocer y recordar los éxitos que hemos cosechado en el camino. La mente está tan ansiosa por concluir que somos malos que magnifica nuestros comportamientos negativos y encuentra en el pasado pruebas que confirman la acusación. Pero las palabras «siempre» y «nunca» son como sentencias de muerte. Nuestras mentes están tan fijadas en nuestros aspectos negativos que nunca tenemos la oportunidad de mejorar nuestras vidas.

Si el papel de la mente es detectar problemas y exagerarlos, nuestro papel es descubrir las exageraciones y no creerlas.

5. Nadie (o todo el mundo) _____.

Rellena el espacio en blanco con: (nadie) me quiere, se preocupa por mí, me entiende, apoya lo que hago; (todo el mundo) me odia, me encuentra aburrido, es mejor que yo, piensa que soy feo...

A diferencia de las otras críticas, ésta no se refiere a cómo te ves a ti mismo, sino a cómo crees que te ven los demás. Pero, al igual que las palabras «siempre» y «nunca», utilizamos las palabras «nadie» y «todo el mundo» para exagerar.

Una de las mentiras más hirientes que me decía mi crítico interior era: «Nadie te quiere». Solía creer esta mentira porque me sentía abandonado por mis padres y mis compañeros de clase. Pero ¿acaso les preguntaba a todos si me querían o no? Por supuesto que no. Ni siquiera validé esta creencia con mis padres, sino que simplemente decidí que no me querían basándome en las interpretaciones erróneas que había hecho de niño.

¿Cómo podemos concluir que nadie nos quiere cuando no lo hemos confirmado con todo el mundo?

Cuando utilizamos palabras como «nadie», lo hacemos por su efecto dramático. No podemos decir «nadie» a menos que lo hayamos comprobado con todo el mundo para demostrar nuestro pensamiento. Cuando no le gustamos a alguien, no significa que no le gustemos a nadie. Pero como es imposible obtener la opinión de todo el mundo sobre nosotros, esta opinión nunca podrá ser verificada. Puedes enumerar las personas a las que no les gustas, pero no puedes decir que no le gustas a nadie. Utilizar palabras tan exageradas sólo hará que te sientas más solo, desconectado y aislado del mundo.

No todo el mundo te querrá y te entenderá, pero no pasa nada, porque hay muchos otros que sí lo harán. Sé que mis libros no gustarán a todo el mundo, y que no todo el mundo estará de acuerdo con lo que he escrito. Pero eso no implica que a nadie le gusten mis libros. Cada uno tiene sus propias preferencias y creencias, y yo escribo para aquellos a quienes les gusta mi estilo de escritura.

Por último, la palabra «nadie» sólo pueden ser cierta si nos incluimos a nosotros mismos. Así que siempre que pienses que nadie te quiere, te preocupa o te entiende, es una señal de que necesitas dedicar más tiempo y atención a quererte a ti mismo.

Dominar la incredulidad

La percepción tiene dos partes. Una es la percepción sensorial, que es la que se produce cuando recibes información de tus cinco sentidos. La otra es la interpretación de la información: los significados e historias que le das a la información que recibes. La incredulidad consiste en dudar de esta última.

Cuando lleves un tiempo cuestionado tus pensamientos, te darás cuenta de que ya no necesitas seguir haciéndolo. Ya has establecido una brecha entre el pensamiento y tú, el perceptor. Siempre que surja un pensamiento, mantén esta brecha y no te dejes arrastrar por las historias convincentes que tu mente ha elaborado. No hay necesidad de convencer a tu mente de la verdad.

Para dominar la incredulidad, tienes que saber que las palabras son limitantes. Tu mente intentará sacar partido de la situación. Quiere que existan polaridades para que la historia sea interesante. Pero los adjetivos que utilizamos para describirnos a nosotros mismos y nuestras circunstancias están influidos por nuestros sentimientos y referencias personales. No representan la verdad.

> *Sabemos que la verdad apenas puede expresarse con palabras.*

¿La copa está medio vacía o medio llena? No importa lo que creas o qué perspectiva adoptes, nada niega la esencia de lo que es la copa, sólo afecta a tu percepción de la realidad. Si crees que la copa está medio vacía, esto se convierte en realidad para ti. Si piensas que la copa está medio llena, entonces ésta será tu realidad. Ambas cosas son «correctas» sólo dentro de tu mente. La copa sigue siendo una copa con un poco de agua en ella. La verdad no cambia por tu percepción de la copa. La esencia de lo que eres no cambia por la forma en que te describes a ti mismo.

Percibir lo que es te ayudará a mantener los pies en la tierra. También te ayudará a comprender la verdad en cada situación. Cuando estás en un estado neutro y percibes el juicio que hace tu mente sin creerlo, estás en modo incredulidad y puedes contemplar la sabiduría que hay justo delante de ti.

7

Paso n.° 3: Observa tu reacción

«Las mentes de las personas cambian a través de la observación y no a través de los argumentos.»

—Will Rogers

Mi cuerpo temblaba incontrolablemente y no había nada que yo pudiera hacer al respecto. Tenía ocho años y tenía epilepsia. La primera vez que tuve un ataque, me quedé casi inconsciente. El único recuerdo que tengo es que cuando abrí los ojos brevemente en el servicio de urgencias del hospital, mi padre me llevaba en brazos y buscaba a un médico. Pero no recuerdo lo que pasó después ni lo que siguió. Cuando me desperté, ya estaba en la habitación del hospital.

La segunda vez que tuve un ataque (que también fue la última, por suerte), ocurrió en casa, cuando tenía nueve años. Nunca olvidaré la experiencia. A diferencia de la primera vez, en esa ocasión estaba más consciente. En lugar de despertarme por la mañana tranquilamente, como suelo hacer, me sorprendí con mis extremidades sacudiéndose involuntariamente. Mi cuerpo se puso tenso, se convulsionó y se agitó con violencia. Tenía los dientes apretados y me salía espuma de la boca. Quería detener los movimientos de mi cuerpo, pero mi cerebro no me hacía caso. Quería pedir ayuda, pero no podía. No tenía ningún control sobre mi cuerpo y lo único que podía hacer era rendirme y ver cómo se producía el ataque.

Mis padres y mi tía entraron en la habitación y les entró el pánico: «¿Qué debemos hacer? ¿Tenemos que ponerle algo en la boca para que no se muerda la lengua? ¿Qué le ponemos en la boca? ¿Una cuchara de metal? ¿Una toalla?» Decidieron meterme una cuchara de metal entre los dientes apretados. (Por cierto, la mayoría de los expertos aconsejan no poner nada dentro de la boca de una persona que está sufriendo un ataque porque puede causarle lesiones).

El ambiente en la habitación era confuso y caótico. Pero, de alguna manera, yo me sentía bastante ajeno a ello. Quizás porque no tenía ningún control sobre mi cuerpo o la situación. Me sentía como si estuviera viendo una película. Aunque era consciente de lo que ocurría, me sentía más como un observador que como un participante. Mi cuerpo temblaba, pero yo me sentía en paz por dentro. Finalmente, la convulsión se detuvo y seguí durmiendo un poco más.

Más tarde me desperté sintiéndome como si no hubiera pasado nada.

Cuando no tienes control sobre algo, lo mejor que puedes hacer es rendirte y observar.

La razón por la que comparto esta historia es para ilustrar que no tenemos tanto control en la vida como creemos. No podemos controlar nuestro subconsciente; sólo podemos influir en él. Incluso después de ser conscientes de nuestros pensamientos y descreerlos, a veces no podemos detener el impulso porque la energía del hábito es demasiado fuerte. Puede que hayamos comprendido desde un nivel conceptual que nuestros pensamientos son falsos, pero a nivel subconsciente es posible que sigamos aferrándonos a nuestras creencias negativas y nuestras heridas emocionales. Cuando el crítico interior nos dice que no somos lo suficientemente buenos, seguramente seguiremos poniéndonos tristes, sintiéndonos incómodos o deseando huir.

Al igual que una convulsión, estos sentimientos acabarán desapareciendo. En lugar de luchar contra esa energía, lo mejor que puedes hacer es rendirte y observarla. No tienes que reprimir tus sentimientos. Te proporcionarán una información con la que podrás trabajar más adelante. La clave es recoger la información mediante la observación consciente y no dejarse llevar por los hábitos y las emociones.

Cómo darte cuenta de tus reacciones

El tercer paso del proceso de incredulidad consiste en captar tus reacciones. Cuando hayas completado los dos primeros pasos del proceso, el siguiente consiste en anclarte inmediatamente a algo físico. El anclaje te ayuda a estar presente y a ampliar la conciencia que has construido en los dos primeros pasos. Evita que te dejes arrastrar por el discurso interior, las imágenes y las emociones creadas por la mente y te ayuda a ver y sentir tus reacciones desde el punto de vista de una tercera persona.

Anclarte a algo físico te ayuda a distanciarte del flujo de pensamientos y emociones.

Imagina que eres arrastrado por las fuertes corrientes de un río. Al principio, lo más probable es que te agarres a cualquier cosa que encuentres para evitar seguir a la deriva o hundirte y ahogarte. Lo mismo ocurre con nuestros pensamientos y emociones. Las emociones fuertes que experimentamos pueden arrastrarnos en una dirección indeseable. Un pensamiento nos lleva a otro, y podemos perdernos en nuestro discurso mental muy rápidamente. Si no nos anclamos a algo físico, ni siquiera podremos observar nuestras reacciones, porque estaremos muy metidos en nuestros sufrimientos y hábitos. No estaremos lo bastante desapegados como para recoger la valiosa información que pueden darnos nuestras reacciones.

Hay muchas cosas que puedes usar para anclar tu atención. Siempre que sea algo que ocupe tu percepción sensorial y aleje tu atención del discurso mental, lo más probable es que funcione. Por ejemplo, puedes utilizar objetos de tu entorno físico, como la silla en la que estás sentado, el suelo que pisas o la pared que tienes delante. También puedes centrar tu atención en una parte de tu cuerpo, como las manos o los pies. Si no, puedes utilizar sonidos, como el tic-tac de un reloj o una campana de *mindfulness* para ayudarte a concentrarte.

Con mucho, el ancla más utilizada es la respiración. Siempre está disponible, así que no tienes que perder tiempo buscando un ancla cuando estés experimentando emociones fuertes. Sólo tienes que centrarte en tu respiración inmediatamente. El único momento en el que no es tan adecuado utilizar la respiración como ancla es cuando tienes un ataque de pánico. Cuando yo tenía ataques de pánico, no podía concentrarme en mi respiración porque estaba hiperventilando. Cuanto más me concentraba en ella, más me preocupaba que me pasara algo malo.

Cuando hayas fijado tu atención en algo, la siguiente acción será simplemente observar lo que ocurre a continuación. Observa cómo reacciona tu cuerpo ante la situación.

- ¿Sientes opresión en el pecho?

- ¿Se te acelera el corazón?
- ¿Te cuesta respirar profundamente?
- ¿Sientes dolor en el estómago?
- ¿Tu cara se ruboriza o se calienta?
- ¿Sientes el impulso de hacer algo o de huir?

Y lo que es más importante, no describas lo que sientes con palabras ni pongas nombre a tus emociones todavía. Presta atención a cómo sientes exactamente tu cuerpo y a tus sensaciones físicas. Fíjate en los pensamientos que surgen en tu mente, pero no les sigas la corriente. Sólo toma nota de ellos. Deja que salgan a la superficie, reconoce su existencia y deja que se vayan con suavidad. Aunque la energía de tu hábito sea extremadamente poderosa y sientas el impulso de reaccionar, está bien seguir la corriente. Ahora estás reaccionando a la situación con conciencia, en lugar de comportarte sin pensar. Tu propósito al repetir este hábito es recoger información. Así que mientras te mantengas alerta, está bien.

Cuando las oleadas de emociones y pensamientos se hayan calmado, puedes anotar en un papel los detalles que hayas observado. Cuanto más a menudo seas consciente de tus reacciones, más preparado estarás para captar tu reacción la próxima vez. Cuando estaba deprimido, podía sentir el lado izquierdo de mi cabeza latiendo vigorosamente como si fuera un corazón. Siempre me ocurría en el lado izquierdo. El lado derecho de mi cerebro no tenía esa reacción. Tras recuperarme de la depresión, utilicé esta información física como indicación de que podía estar pensando y rumiando en exceso. Así que ahora, cuando siento que el lado izquierdo de mi cabeza reacciona de esta manera, sé que es el momento de relajarme y dejar de lado el problema que estoy tratando de resolver.

La información que recojas también puede ayudarte a identificar tus reacciones más frecuentes. A continuación te indico algunas de las cosas que puedes haber notado.

Rumiar

En la rumiación, la mayoría de las reacciones tienen lugar en la mente. Probablemente notes que está más activa de lo habitual y se inunda de pensamientos repetitivos. Estás centrando tu atención en tu interior para resolver un problema en tu cabeza, por lo que no eres muy consciente de tu entorno físico. También es posible que sientas cierta rigidez alrededor de la zona del pecho cuando estés bloqueado y no puedas encontrar una solución a un problema.

Resignación

Cuando te sientas resignado, comprueba si notas alguna sensación incómoda en tu cuerpo. Cuando sientas que no eres lo suficientemente bueno, probablemente notarás frialdad alrededor de la zona del pecho. Cuando experimentes emociones fuertes, es posible que notes más reacciones alrededor de la zona de la cara, sobre todo alrededor de los ojos y la nariz. También es posible que tu cuerpo se vuelva hacia dentro, como si intentaras abrazar y proteger tu corazón roto.

Escapar

La huida es probablemente la reacción más difícil de identificar porque tiende a adormecer nuestras emociones y a hacer que ignoremos nuestros pensamientos. La mejor manera de identificar cuál de las cuatro reacciones se está manifestando es observando tus actividades. Una forma de saberlo es comprobar si estás realizando una actividad de forma intencionada o no. Las conductas de escape suelen ser espontáneas y no intencionadas, pero ten en cuenta que no todas las actividades espontáneas son formas de escapar. Otra forma de saberlo es ser consciente de lo feliz que te sientes después de realizar una actividad. Si sigues haciendo algo y no lo disfrutas o te sientes indiferente, lo más probable es que sea una forma de escape.

Luchar

Cuando luches contra tu crítico interior, sentirás mucha actividad tanto en la mente como en el cuerpo. Una parte de tu mente seguirá repitiendo los mismos pensamientos para defender y proteger su posición. Sin embargo, a diferencia de la resignación, sentirás más energía para pasar a la acción y más calor en tu cuerpo. Es posible que sientas dificultad para respirar debido a la ira y que dirijas tu rabia hacia ti mismo o hacia otras personas cuando te sientas amenazado.

Encontrar los disparadores

Aunque el tercer paso del proceso de descreimiento es darte cuenta de tu reacción, para la mayoría de los principiantes en *mindfulness* éste podría ser el primer paso. Algunos pensamientos llegan tan rápido y son tan sutiles que no somos conscientes de ellos hasta que reaccionamos. Los sentimientos y los hábitos son mucho más fáciles de reconocer. Normalmente sabemos cuándo estamos de mal humor por cómo afecta este estado de ánimo a nuestro nivel de energía, y podemos reconocer nuestros malos hábitos a través de la observación de nuestros comportamientos repetidos.

Si eres consciente de una emoción o reacción, empieza por utilizarla como punto de partida para descubrir los pensamientos o creencias que podrían haberlas desencadenado. Ve hacia atrás: empieza por el paso n.º 3 y sigue con los pasos n.º 1 y n.º 2. Por ejemplo, si te sorprendes navegando por Internet sin pensar, pregúntate: «¿Qué se supone que estoy haciendo ahora mismo? ¿Qué pensamientos me han llevado a navegar por Internet sin ningún propósito útil?» Quizás tenías trabajo que hacer, pero estabas atascado, así que te distrajiste con Internet. Tal vez no tenías nada que hacer y te aburrías, así que te conectaste para encontrar algo que mantuviera tu mente ocupada.

Básicamente, hay dos preguntas que debes hacerte cuando te das cuenta de que estás reaccionando:

1. ¿A qué autocrítica estoy reaccionando?
2. ¿Cuáles son las señales que desencadenan la autocrítica en mí?

Identificar la autocrítica

Es difícil identificar la autocrítica cuando se ha pasado por alto la primera vez. Además, algunos pensamientos no son verbales, como el que tuve yo al buscar las tijeras. Es casi imposible darse cuenta de ellos. El objetivo clave aquí no es encontrar la redacción exacta de tu pensamiento crítico. Se trata de entender el área principal en la que tu crítico interior te ataca o las creencias generales que tienes sobre ti mismo. Las preguntas que puedes hacerte son las siguientes:

- ¿Qué pensamientos críticos me hacen reaccionar de forma indeseable?
- ¿El crítico interior ataca mi trabajo, mis relaciones, mi personalidad, mi apariencia o mi autoestima en general?
- ¿Qué creo de mí mismo que puede haberme hecho reaccionar de esa manera?

El crítico interior suele elegir una o dos áreas principales para criticar. En las personas que a menudo dudan o analizan en exceso sus relaciones, el foco del crítico interior puede estar principalmente en lo malas que son sus relaciones con los demás. Digamos que no han conseguido un ascenso. Su crítico interior no les ataca por su falta de rendimiento en el trabajo. En su lugar, su crítico interior les ataca en el área de las relaciones. Por ejemplo, «no le gustas a tu jefe», o «no te han ascendido porque no te llevas bien con tus compañeros».

Para comprobar si un pensamiento te hace reaccionar o no, pronuncia la afirmación para ti mismo. Supón que te dices a ti mismo: «Nadie me quiere». Si esto te hace sentir triste, o tienes sensaciones corporales, significa que sigues creyendo inconscientemente que es verdad. Así que lo más probable es que este pensamiento sea el que te provoque la reacción.

También puedes hacer diferentes preguntas para cada una de sus reacciones que te ayuden a identificar mejor la autocrítica; por ejemplo:

Rumiación: ¿Qué problema estoy tratando de resolver?

El problema que estás rumiando te dará pistas sobre la crítica que te cuesta aceptar. Te dirá qué es aquello que deseas que sea diferente. Por ejemplo, si no dejas de pensar en los mensajes de texto, los correos electrónicos o el lenguaje corporal de los demás, demuestra que no tienes confianza en tus relaciones. Es probable que ésta sea el área en la que tu crítico interior suele ser duro contigo.

Resignación: ¿Qué creencias me hacen sentir indigno?

Para alguien que se dé cuenta que se siente lleno de autodesprecio o autocompasión todo el tiempo, sería bueno examinar las creencias subyacentes que tiene sobre sí mismo. Ser consciente de las percepciones que tiene de sí mismo puede ayudarle a averiguar qué pensamientos provocan esos sentimientos negativos. Hazte las siguientes preguntas: ¿Qué me hace sentirme avergonzado? ¿Hay algo que me disgusta de mí mismo? ¿Qué creencia tengo que me hace odiarme a mí mismo?

Escapar: ¿Qué debo hacer en primer lugar?

Lo más probable es que aquello de lo que huyes sea lo que temes que te critiquen. Para descubrir la motivación de tus reacciones, también puedes preguntarte por qué te sientes obligado a huir. ¿Huyes del trabajo porque no quieres constatar tu incompetencia? ¿Huyes del compromiso porque crees que no te lo mereces?

Luchar: ¿A qué pensamientos me estoy tratando de resistir?

Aquello que intentas defender activamente es el pensamiento al que intentas resistirte. Por ejemplo, si te sientes ofendido o a la defensiva cuando alguien critica tu trabajo, es obvio que tu autoestima está en cierto modo ligada a tu profesión. Crees que cuando tu trabajo es malo, significa que tú eres malo.

Identificar las señales que desencadenan la autocrítica

Para algunos de nosotros es más fácil identificar las señales que desencadenan la autocrítica que la propia crítica. Si este es tu caso, empieza por las señales y descubre la autocrítica después.

Digamos que te sorprendes a ti mismo dándote un atracón de comida basura y no recuerdas qué te hizo reaccionar así. Remóntate a un momento que puedas recordar. ¿Qué ocurrió en ese momento? ¿Qué estabas haciendo? Supongamos que recuerdas que estabas navegando por las redes sociales con tu teléfono móvil antes del atracón: intenta recordar lo último que hiciste. Luego, utiliza ese momento para deducir los pensamientos que podrían haberte hecho reaccionar. Quizás hayas visto el perfil de una amiga en las redes sociales. Ella tiene éxito y es hermosa, y esto te hizo sentir un poco inferior. Tal vez a nadie le gustan las publicaciones que pones en las redes sociales y te sientes rechazado.

Por supuesto, tu impresión puede ser totalmente inexacta. Así que, en lugar de concluir que es cierta, ponla a prueba. Vuelve al perfil de tu amiga en las redes sociales y míralo de nuevo. ¿Cómo te hace sentir? Observa cualquier pensamiento o sensación corporal que puedas tener. ¿Te dan ganas de escapar y comer algo? No intentes filtrar o suprimir tus reacciones. Sólo mantén la concentración y trata de notarlas.

A veces, también es difícil señalar los disparadores exactos o los pensamientos críticos de forma inmediata. Es posible que tengas que reunir y registrar las señales durante un periodo de tiempo antes de poder ver el patrón. En su libro *El poder de los hábitos*, Charles Duhigg sugiere cinco categorías principales para registrar las señales. Las he reorganizado formando el acrónimo PETAL:

- Personas
- Estado emocional

- Tiempo
- Acción
- Lugar

Personas

Se refiere a las personas que nos rodean o acompañan. ¿Estamos solos? ¿Hay alguien cerca de nosotros cuando tenemos el impulso de criticarnos?

Estado emocional

Esto se refiere a nuestros sentimientos y pensamientos justo antes de que se produzca nuestro diálogo interior negativo. ¿Nos sentimos solos? ¿Pensamos que nadie nos quiere? ¿O tal vez creemos que los demás nos juzgan?

Tiempo

¿A qué hora se activa el crítico interior? Sé lo más exacto posible; por ejemplo, las 16:17.

Acción

¿Qué estábamos haciendo antes de hablarnos negativamente a nosotros mismos? No tiene por qué ser algo importante. Puede ser leer un correo electrónico o mirar por la ventana.

Lugar

¿Dónde estabas cuando tuviste el pensamiento negativo? Especifica muy bien la ubicación. En lugar de escribir «en casa», escribe en qué habitación estabas y en qué parte de la habitación.

He aquí un ejemplo simplificado de cómo funciona. Supongamos que has registrado la siguiente información cuando te das cuenta de que te estás criticando a ti mismo:

Disparador 1

1. Personas: Con mis amigos.

2. Estado emocional: Me siento excluido.

3. Tiempo: 12:15 p.m.

4. Acción: Oí a mis amigos manteniendo una animada conversación durante el almuerzo.

5. Lugar: Happy Deli.

Disparador 2

1. Personas: Estoy solo en mi cubículo de trabajo, pero hay otros compañeros en la oficina.

2. Estado emocional: Me siento excluido.

3. Tiempo: 7:07 p.m.

4. Acción: Escuché que mis colegas quedaban para cenar.

5. Lugar: En el cubículo de mi oficina.

Disparador 3

1. Personas: Con otros participantes.

2. Estado emocional: Me siento excluido.

3. Tiempo: 8:12 p.m.

4. Acción: Estoy comiendo solo en un rincón.

5. Lugar: Un evento de *networking* cerca de mi oficina.

Después de una o dos semanas, es probable que empieces a ver un patrón. A veces, una sola señal puede desencadenar el hábito. Otras veces, puede ser una combinación de dos o más señales.

En el ejemplo anterior, podemos decir que cada vez que te sientes excluido, tu crítico interior te ataca y hace que te sientas poco querido. También podemos deducir que tus disparadores tienen que ver sobre todo con otras personas y entornos sociales. Es posible que cuando estás solo en casa haciendo tus cosas no se dispare nunca el diálogo interior negativo. Sin embargo, cuando llega el momento de interactuar con los demás, sientes que nadie te quiere.

Registrar esta información ayuda. Es una forma sistemática de identificar tus señales. Pero si eres una persona muy intuitiva, puede que seas capaz de ver las señales y los patrones de tus experiencias pasadas sin ni siquiera tener que anotar la información. Así que haz lo que te resulte más fácil. Si no tienes ni idea de cuáles pueden ser tus disparadores, también puedes pedir ayuda a tus amigos y familiares. Puede que ellos noten, desde una perspectiva en tercera persona, algo que a ti se te haya pasado por alto.

8

Paso n.º 4: Identifica el mensaje

«La crítica no debe ser quejumbrosa y arrasadora como un cuchillo que arranca las raíces de cuajo, sino que debe ser guiadora, instructiva e inspiradora; una brisa, no un huracán.»

—RALPH WALDO EMERSON

Me arrepentí enseguida de pedirle a mi amigo Kyle que me devolviera el dólar que me debía. Al oír mi petición, Kyle sacó todo el suelto que llevaba y eligió las monedas más pequeñas que encontró para completar un dólar. Me di cuenta de que le molestaba que le hubiera pedido el dinero, sobre todo mientras comíamos juntos durante nuestras vacaciones en Estados Unidos.

Pero ¿realmente me importaba recuperar el dólar? Por supuesto que no. Lo que realmente me llevó a este incidente fue la constante insistencia de mi crítico interior y la presión que sentía por tener que tomar buenas fotos para mis amigos.

Unos años antes habíamos hecho el viaje cuatro amigos. Brandon, el fotógrafo oficial de nuestro grupo, fue el encargado de hacer las fotos. Se había traído todo su equipo fotográfico y había sacado fotos increíbles. Un día, alguien tenía que hacer fotos por él y a mí se me encomendó esta tarea. No me importaba hacer las fotos para Brandon, pero me estresaba la posibilidad de no estar a la altura de sus expectativas. Además, mis manos tienden a temblar cuando hago fotos. Cuando estoy nervioso, se vuelven aún más torpes. Me hubiera gustado que mis otros dos amigos ayudaran también a hacer fotos, pero de alguna manera mis amigos me consideraban el siguiente mejor fotógrafo del grupo. Así que acabé haciendo la mayoría de las fotos de Brandon.

Exteriormente me mostraba estresado. Pero en mi interior se estaba gestando algo más. Durante todo el viaje, mi crítico interior no dejó de acusarme de ser un pusilánime: «Si no quieres hacer las fotos, díselo. No dejes que los demás se aprovechen de ti. No seas tan fácil de convencer». Esto no era nuevo para mí. En casa, mi crítico interior me ataca a menudo por ser débil y no defenderme. Las mismas palabras que utiliza mi padre, que insiste en que debemos defendernos cuando otras personas nos intimidan. Pero la mayoría de las veces ignoro esa voz.

Siempre que estoy en grupo, tengo tendencia a complacer a los demás porque valoro la paz y la armonía. No considero que ser complaciente sea lo mismo que ser humillado. Si algo no es importante para mí, no tiene por qué hacerse a mi manera. Sin embargo, a veces me molesta esa voz en mi cabeza. No me gusta que me llamen débil. Significa que soy débil. A veces me defiendo y me resisto a esta dolorosa acusación. Otros días, acabo haciendo alguna tontería para demostrar que no soy un pusilánime. Pedirle a Kyle que me devolviera el dólar ocurrió uno de esos días.

La noche anterior, había estado pensando si debía pedirle que me devolviera el dólar. Una parte de mí pensaba: «Es sólo un dólar, ¿de qué sirve montar un escándalo por ello?» En cambio, la otra parte de mí argumentaba: «No, no se trata sólo del dólar. Se trata de defenderte. Es tu derecho reclamar lo que te deben. ¿Por qué no vas a hacerlo? ¿Por qué te sientes avergonzado cuando pides algo que te pertenece?» Así que, para demostrarle a mi crítico interior que no soy un pusilánime, le pedí a Kyle que me devolviera el dólar que le había prestado.

Al igual que nuestros padres, el crítico interior
puede tener buenas intenciones, pero es muy
desagradable a la hora de expresar su mensaje.

A decir verdad, creo que lo que decía el crítico interior tenía cierto sentido. En aquella época yo no sabía establecer límites. No solía expresar mis opiniones cuando era necesario. Por ejemplo, si estaba cansado no les decía a mis amigos que quería irme a casa. Me quedaba hasta que todos los demás estaban cansados y querían irse. Si alguien se quejaba, me sentaba y le escuchaba, aunque no lo soportara. Sentía la necesidad de ponerme a prueba porque en el fondo estaba de acuerdo con mi crítico interior. Creía que era débil y que tenía que defenderme.

Además, ¿por qué debería sentirme avergonzado por pedir que me devolvieran el dinero? ¿Porque era sólo un dólar y no quería que Kyle pensara que era un tacaño? ¿Me preocupo demasiado por cómo me ven los demás?

Nuestro crítico interior suele entregarnos mensajes importantes que merecen ser analizados. Pero el tono en que emite el mensaje, el momento y el contexto no son siempre los más adecuados. Establecer límites puede ayudarme a comunicar mis valores a los demás y a mejorar mis relaciones. Sin embargo, no necesito que me llamen prepotente para hacerlo. También podría haber hecho cuentas con mi amigo al final del día, como solemos hacer, en lugar de pedirle el dólar en mitad del almuerzo. Sencillamente lo hice en un contexto y un momento equivocados.

Este capítulo trata de poner en valor nuestras críticas internas. Es importante identificar el mensaje, aunque llegue de malas maneras. Si analizamos los mensajes que nos trae nuestro crítico interior, nos daremos cuenta de que realmente nos aportan grandes ideas sobre nuestros hábitos y nuestras vidas.

Cómo llegar al fondo del mensaje

El cuarto paso del proceso de incredulidad consiste en identificar el mensaje. Después de darte cuenta de cómo reaccionas a tus pensamientos, es posible que captes enseguida el mensaje que tu crítico interior está tratando de transmitir. Pero, por lo general, esta percepción tarda un poco en aparecer.

Para comprender mejor el mensaje de tu crítico interior, es bueno crear espacio y tiempo para reflexionar regularmente. Como dije en el capítulo 5, a mí me gusta hacer mi revisión por la noche. No sólo utilizo ese momento para repasar los pensamientos que he tenido durante el día, sino que también aprovecho para descubrir cosas nuevas. La reflexión forma parte de mi rutina diaria.

Hay diferentes maneras de reflexionar. Puedes hacerlo con otra persona a través del diálogo. O puedes incluir la reflexión en tu rutina de meditación. Algunas personas reflexionan mejor cuando hacen ejercicio. Yo prefiero hacerme preguntas y escribir mis respuestas. Independientemente del método que elijas, a continuación encontrarás tres preguntas que pueden ayudarte a identificar el mensaje central.

1. ¿De qué intenta protegerme mi crítico interior?

Todas tus subpersonalidades, incluido tu crítico interior, tienen un papel que desempeñar. El crítico interior es duro contigo por una razón. No te criticará a menos que haya algo de lo que tenga que protegerte. Que la cosa de la que te defiende sea justificable, o no, es otra historia. Al igual que nuestros padres, el crítico interior nos protege del dolor basándose en lo que cree que es peligroso para nosotros. Lo que a nuestros padres y al crítico interior les parece perjudicial puede no causarnos daño necesariamente. Y, aunque lo haga, no significa que sea malo para nosotros.

Nuestro crítico interior se parece
a nuestros padres.

Puede que descubras que el tono del crítico interior, su lenguaje o las cosas por las que te critica se parecen mucho a cómo te hablaban tus padres. El crítico interior es una subpersonalidad que nuestra mente ha creado para asumir el papel paterno de disciplinarnos. Emula las voces de nuestros padres y su trabajo consiste en protegernos del peligro. La mayor parte de la autocrítica se basa en creencias que aprendimos en nuestra infancia, directa o indirectamente, de nuestros padres y otras personas de nuestro entorno. La crítica interior forma parte de nuestro mecanismo de protección. Nuestro trabajo consiste en llegar al fondo del mensaje y comprender su intención. ¿De qué trata de protegernos? ¿Es realmente necesaria esta protección? ¿El crítico interior está exagerando las posibles consecuencias de que hagamos o dejemos de hacer algo?

La clave es no tomarse en serio nada de lo que escuches del crítico interior. Por ejemplo, cuando mi crítico interior me llamaba pusilánime, su intención no era hacerme sentir mal conmigo mismo. Lo hacía para protegerme de que otros se aprovecharan de mí. Cuando tu crítico interior te dice que hagas ejercicio y no seas tan perezoso o te reprende por comer alimentos poco saludables, está demostrando que se preocupa por tu salud. Cuando tu crítico interior duda de tu capacidad para triunfar y te advierte de que tienes demasiadas fantasías, tiene miedo de que fracases y no quiere que te decepciones. Cuando tu crítico interior dice que no te queda bien un vestido o una camisa, tiene miedo de que los demás te juzguen negativamente por tu aspecto.

Es posible que no creas que tu crítico interior tiene buenas intenciones, y eso está bien. Ni siquiera importa cuál es el verdadero objetivo del crítico interior, así que utilízalo para tu propio crecimiento. Cuando mi crítico interior me llamaba pusilánime, yo podía elegir entre sentirme mal conmigo mismo o extraer lecciones que pudiera aplicar a mi vida. Es mi elección y uso el crítico interior para recordarme la importancia de hacer valer mis límites y mis posiciones ante otras personas. En lugar de tomarme las críticas como algo personal, intento extraer valor de ellas.

2. ¿Tiene mi pasado algo que ver con la autocrítica?

Una buena forma de identificar el mensaje es recordar situaciones similares en tu infancia, en casa o en la escuela. Si tu crítico interior te hace sentir constantemente inferior a otras personas, comprueba si ocurrió algún incidente importante por el que tus padres o tus compañeros te rechazaran.

- ¿Intentaste complacer a tus padres pero no le dieron importancia?
- ¿Tus padres te comparaban a menudo con tus hermanos u otros niños?
- ¿Se burlaban de ti o te acosaban otros niños en la escuela?
- ¿Se burlaban de tu aspecto o de tu forma de actuar?

Comprueba si hay alguna conexión con el pasado. Pregúntate a ti mismo: ¿Mis hábitos de autocrítica están causados por mi condicionamiento previo o por acontecimientos del pasado? ¿Seguiría criticándome de la misma manera si estos acontecimientos no hubieran ocurrido? ¿Qué problemas del pasado no he resuelto todavía?

La autocrítica no cesa porque los problemas
del pasado aún no se han resuelto.

Si quieres reducir significativamente el ruido de tu mente, deja de lado tu pasado. Tienes que mirar atrás y corregir las interpretaciones erróneas que hiciste de niño y las creencias inexactas que desarrollaste cuando eras joven. Debes comprender que, cuando eras niño, pudiste haber malinterpretado ciertos acontecimientos; date cuenta de que esas creencias no se aplican a ti en el presente.

Identificar el mensaje es una forma de enfrentarse al problema principal y aprender a lidiar con el sufrimiento. A veces, no es fácil perdonar a las personas que te han hecho daño y dejar atrás un incidente, sobre todo si experimentaste algo traumático, como el abuso o el acoso. Sin embargo, si no te permites sentir tu dolor, el crítico interior seguirá sacando el tema hasta que lo expreses completamente y lo liberes de tu sistema. Es como cuando nuestros padres nos insisten en que hagamos algo y nos negamos a escuchar. No pararán hasta que hayamos captado el mensaje y entendido lo que dicen.

3. ¿Qué se puede mejorar o cambiar?

Además de ayudarnos a resolver nuestros problemas del pasado, el crítico interior puede decirnos qué hay que mejorar. Si nuestro crítico interior siempre nos critica por los mismos errores, quizá sea el momento de cambiar nuestra manera de hacer las cosas o de pedir ayuda a otras personas. Es mucho mejor que negar nuestros errores y pretender que tenemos razón.

El crítico interior tiene el potencial de ser nuestro entrenador interior. Sin embargo, al igual que algunos padres, cree que ser duro nos ayudará a cambiar. Pero, la mayoría de las veces, las críticas no funcionan.

La crítica puede ser constructiva si se cambia el enfoque.

La crítica se centra en el problema, pero esto no nos dará la solución. Convence a tu crítico interior para que se centre en las soluciones. Siempre que tu crítico interior te diga lo que deberías o no deberías hacer, pídele que en lugar de eso te diga lo que podrías hacer. Sustituye «debería» por «podría». Así, por ejemplo, si tu crítico interior te dice que no deberías haber perdido el tiempo haciendo zapping, pídele alternativas: «¿Qué puedo hacer en lugar de eso? ¿Leer un libro? ¿Ir a otra habitación en lugar de sentarme delante del televisor?» Además, busca ejemplos o momentos en los que algo haya resultado positivo y aprende de estas experiencias: ¿Hubo días en los que te centraste en tu trabajo y tuviste una dirección clara sobre lo que tenías que hacer a continuación? ¿Hay momentos en los que has resistido con éxito la tentación de ver la televisión? ¿En qué se diferenciaron de ahora? ¿Qué hiciste en esos días para que el resultado fuera diferente?

La crítica se centra en el pasado y no hay nada que puedas hacer para cambiarlo. Haz que tu crítico interior te diga lo que puedes mejorar y cambiar en el futuro. De este modo te sentirás más empoderado, porque tendrás la oportunidad de aprender de tus errores y crecer.

Cada noche, durante mi revisión, pido a mi crítico interior que identifique lo que he hecho bien durante el día para poder continuar con estas acciones en el futuro. Luego, le pido que me diga lo que no he hecho bien y me sugiera cómo puedo mejorar. Siempre empiezo con las palabras «Podría haber...» y dejo que mi crítico interior complete la frase. De este modo, siempre recibo críticas constructivas. Es posible que no puedas detener totalmente tu autocrítica, pero siempre puedes crear un entorno y un proceso que facilite la crítica constructiva.

Cómo animar a tu crítico interior
a ser compasivo

Si quieres que tu crítico interior sea compasivo contigo, sé compasivo con él. Respétalo por hacer su trabajo y no luches contra él. Cuando luchas contra el crítico interior, no sólo desperdicias tu energía, sino que le estás cediendo el control. Estás permitiendo que afecte a tu estado de ánimo.

Tú tienes el poder de tomar la decisión final y determinar qué información quieres utilizar. No es necesario que te defiendas cuando alguien te da una opinión que no vas a utilizar. En vez de eso, agradece a tu crítico interior que te haya hecho llegar el mensaje. Esto también puedes aplicarlo a todas tus otras subpersonalidades.

Sin embargo, a diferencia de esas otras subpersonalidades, el crítico interior suele transmitir el mensaje en un tono que nos cuesta aceptar. Pero ¿cómo cambiar el tono del crítico interior?

1. Deja claros tus límites y tu postura ante tu crítico interior

Lo primero que puedes hacer es hacer saber a tu crítico interior que no te gusta su forma de criticarte. Hazle saber que no puede hablarte con desprecio. Aunque tu crítico interior intente protegerte del sufrimiento, hazle saber que hablarte con desprecio no ayuda, sólo empeora las cosas.

__Puedes alejarte de una persona desagradable,__
__pero no puedes alejarte de tu propia mente.__

Cuando alguien quiere ir a por ti, no hay necesidad de permanecer sentado y permitir que te ataque. Te vas. Pero ¿y si ese alguien es tu propia mente? Cuando tu crítico interior te ataca, no respondas. Aunque no puedas alejarte físicamente de tu mente, puedes elegir no prestarle atención. Esto es tan bueno como alejarse.

Puedes dejar clara tu postura ante tu crítico interior: «Quiero colaborar contigo. Sé que te preocupas, pero no me gusta cómo me hablas. Si quieres utilizar este tono, no me voy a sentar a escucharte. Si quieres decir algo, por favor, dilo bien. Si no, por favor, no hables. Escucho mejor cuando eres amable».

Tu crítico interior no tendrá más remedio que cambiar su tono hacia ti porque necesita tu atención. Quiere que se escuche su voz. Puedes defender tu postura hablándole de manera firme pero compasiva, o puedes escribirle una carta. La clave es ser firme. No prestes atención a tu crítico interior hasta que cambie su forma de tratarte.

2. Pide a su crítico interior que te haga sugerencias, en lugar de darte órdenes

Tus subpersonalidades no pueden decirte qué hacer. Sólo pueden darte sugerencias. La única vez que pueden decirte qué hacer es cuando te olvidas de la diferencia entre tu mente y tu ser espiritual. Te olvidas de que hay un observador detrás de todo el ruido mental, y este observador elige lo que debe hacer. Así que no le des a tus subpersonalidades el poder de dirigir tu vida a su antojo.

Enseña a tu crítico interior a hablarte.
Ayúdale a desarrollar un tono más alentador.

La próxima vez que tu crítico interior te hable o te dé instrucciones para que hagas algo, pídele que te haga una sugerencia en su lugar. Como ya he mencionado, anima a tu crítico interior a utilizar la palabra «podrías» en lugar de «tendrías que» y «deberías». Estas palabras dan instrucciones específicas que te hacen sentir culpable porque no te gustan, o impotente porque crees que tienen razón. Una vez más, hazle ver a tu crítico interior que es más probable que le escuches si la crítica es orientadora e inspiradora, en lugar de exigente y molesta.

La sugerencia no sólo cambia el tono del crítico interior, sino que le recuerda que no tiene el control. No puede obligarte ni amenazarte para que hagas algo. Tienes la libertad de elegir lo que es mejor para ti.

3. Hazle saber a tu crítico interior que no necesitas su protección

Tu crítico interior ataca tus defectos e imperfecciones porque cree que esto te ayudará. Quiere protegerte de sentir ciertas emociones, como la vergüenza, o de experimentar ciertas situaciones, como el fracaso. Para conseguir que tu crítico interior deje de atacar lo que percibe como tus defectos y sea más compasivo, tienes que transmitirle los siguientes mensajes.

En primer lugar, haz saber a tu crítico interior que ya eres consciente de tus imperfecciones. No vale la pena repetir las críticas. Pídele también a tu crítico interior que deje de sacar a relucir el pasado. Ya lo has oído muchas veces y ya lo has entendido.

En segundo lugar, hazle saber a tu crítico interior que no hay nada malo en ser imperfecto o cometer errores. Está bien sentir vergüenza y fracasar. Hazle saber que puedes manejar estas emociones y que las aceptas completamente. Sabes cómo lidiar con ellas y liberarlas cuando aparecen.

Por último, hazle saber a tu crítico interior que las críticas ya no te motivan ni te ayudan: «Quizá lo que necesitaba de mis padres cuando era joven era que me regañaran para ayudarme a entender el mundo de los adultos. Pero ahora que soy adulto, entiendo lo que necesito para sobrevivir. Puedo decidir lo que es bueno para mí sin criticarme. Ahora puedo aprender de mis propios errores. Gracias por tu ayuda en el pasado, pero ya no es necesario que me protejas».

La razón por la que tu crítico interior sigue contigo es que todavía necesitas su protección.

Por supuesto, para que lo anterior funcione, primero tenemos que demostrar a nuestro crítico interior que podemos salir adelante. Al igual que nuestros padres sobreprotectores, si queremos que dejen de fastidiarnos, tenemos que demostrar que podemos cuidar de nosotros mismos. Entonces confiarán y tendrán fe en nosotros. Si acogemos todas nuestras emociones y no nos resistimos a ellas, no habrá necesidad de que exista un crítico interior. No habrá recompensa y acabará por desaparecer o pasar a un segundo plano.

9

Paso n.º 5: Conviértelo en un hábito

«La paz es un proceso diario, semanal y mensual, que cambia gradualmente de opinión, erosiona lentamente las viejas barreras y construye silenciosamente nuevas estructuras.»

—JOHN F. KENNEDY

Un día, me di cuenta de que me había ocurrido algo milagroso. Se me cayó accidentalmente una carpeta al suelo y no apareció ningún ruido en mi cabeza.

Normalmente, cuando se me caían las carpetas y los papeles quedaban esparcidos por el suelo, el crítico interior me regañaba: «¿Cómo has podido ser tan torpe y descuidado? Deberías haber tenido más cuidado. Ahora tendrás que perder el tiempo recogiendo tus papeles. ¿No sabes que tienes prisa?» Si hubiera sido así, simplemente habría soltado un gran suspiro o me habría irritado por mi propia torpeza. Pero ese día no había absolutamente ninguna voz crítica.

- El archivo se cayó. Hecho.
- El papel estaba esparcido por el suelo. Hecho.
- Recogí los papeles, uno por uno, y los volví a meter en el archivo. Acción.

Observé lo que había sucedido y simplemente actué. No hubo ningún juicio. Me sorprendió tanto lo tranquila que estaba mi mente que hice una minicelebración. Para otros, esto puede no parecer gran cosa, pero estos pequeños cambios pueden mostrarnos que hemos crecido y que nuestro esfuerzo ha dado sus frutos. También nos recuerda que podemos estar en paz en cualquier momento y realizar las acciones adecuadas sin esas voces parlanchinas en nuestra cabeza.

El objetivo de este libro no es proporcionarte una solución única que pueda eliminar toda tu autocrítica para siempre. Llevas mucho tiempo aprendiendo a ser autocrítico, y no es fácil cambiar un hábito de la noche a la mañana. Y, aunque consigas que los pensamientos negativos dejen de irrumpir, no significa que tu mente vaya a estar más tranquila.

La función de la mente es resolver
problemas y generar pensamientos.
No puede calmarse por sí misma.

Cuanto más drama haya, más problemas podrá resolver la mente y más cosas podrá pensar. Si no hay ningún problema, tu mente creará uno para mantenerse viva. Tienes que entrenar tu mente para que vaya más despacio y se concentre. Siempre que tu mente se desvíe, guíala suavemente de vuelta al camino correcto. Sólo a través de la repetición, la mente aprenderá que no es necesario juzgar todo el tiempo.

La mente puede estar cada vez más tranquila y silenciosa con la práctica. En lugar de arreglarla o cambiarla a la fuerza, es mejor idear un plan para lidiar con ella y hacer que este plan forme parte de tus hábitos. De este modo, incluso aunque tu mente vuelva a alborotarse, sabrás cómo manejarla y estarás preparado para hacerlo.

Cómo diseñar tu propio plan

El último paso del proceso de incredulidad es convertirlo en un hábito. En el paso anterior identificaste el mensaje del crítico interior y trabajaste sobre él. Ahora, puedes planificar tu comportamiento con antelación y hacer que se convierta en un hábito.

La planificación anticipada de nuestro comportamiento para reaccionar de forma intencionada se denomina «intención de implementación» o planes «si-entonces». Fue desarrollado y aplicado por el psicólogo Peter Gollwitzer. Si no te das cuenta de lo que tienes que hacer hasta después de tener un pensamiento crítico, llegas demasiado tarde. Tu mente ya te habrá hecho actuar de la manera habitual.

La intención de implementación te permite planificar de antemano el comportamiento deseado, de modo que cuando tengas un pensamiento crítico sepas exactamente qué hacer. Su funcionamiento es el siguiente:

Si (esta situación se produce), entonces voy a realizar (este comportamiento).

Por ejemplo, cuando tengas un pensamiento negativo, deja de hacer lo que estás haciendo y obsérvalo. Por supuesto, es imposible crear el comportamiento deseado para cada situación y prepararse para todas las situaciones que puedan ocurrir en el futuro. Pero este libro te ha proporcionado un marco general sobre cómo actuar con respecto a tus pensamientos críticos.

Además de aplicar los pasos de este libro, puedes añadir y personalizar tus propios pasos y convertirlos en parte de tu plan. Algunos pensamientos críticos pueden necesitar un tratamiento especial, y tú puedes adecuar el plan a estos pensamientos utilizando la información que has recogido en los cuatro primeros pasos.

El plan es dinámico. Siempre que recibas nueva información, puedes integrarla en tu rutina y cambiar tu plan cuando quieras para mejorarlo y mantenerlo actualizado. También puedes probar diferentes métodos y ver cuál es el que más te conviene. Aquí tienes tres sugerencias que te ayudarán a diseñar tu propio plan:

1. Utiliza los disparadores de la autocrítica como puntos de partida

En el capítulo 5, te expliqué cuatro formas de ser consciente de tus pensamientos. En el capítulo 7, describí cómo puedes encontrar tus disparadores de autocrítica. Cuando sepas cuáles son, podrás utilizarlos fácilmente como puntos de partida.

Por ejemplo, si sabes que cometer errores dispara tu crítica interior, deja que también sea el disparador de tu rutina de incredulidad. Cada vez que cometas un error, presta atención a tus pensamientos inmediatamente y empieza el paso n.º 1. Al hacer esto, podrás sustituir tus comportamientos reactivos normales por un nuevo conjunto de hábitos. En lugar de divagar inconscientemente hacia la comodidad del entretenimiento y la comida o rumiar el problema, puedes permanecer alerta y detenerte antes de reaccionar automáticamente.

Tus disparadores también pueden estar asociados a personas y lugares. Así que, antes de quedar con gente o ir a los lugares que desencadenan la autocrítica, recuérdate que debes permanecer alerta y estar preparado para distanciarte de cualquier pensamiento que pueda surgir.

2. Prepara una acción para reconfortarte

Tu sufrimiento no tiene por qué ser destructivo. Puedes usarlo como disparador para ser más compasivo contigo mismo. Cuando dejes de creerte tus autocríticas, tu cuerpo puede que siga reaccionando a las críticas como si fueran ciertas. Lo que puedes hacer, además de notar estas reacciones, es preparar otra acción para reconfortar la parte de ti que está siendo reactiva. A veces, pueden ser tu niño interior o tu subpersonalidad de víctima las que se sienten molestas. Otras veces, puede que alguna otra de tus subpersonalidades esté enfadada y defienda sus creencias.

En lugar de reprimir estas emociones o ignorar su existencia, atiéndelas inmediatamente. Recuerda que hay un niño pequeño dentro de ti que todavía se siente herido. En lugar de sufrir con él o ella, sé su hermano o hermana mayor. Consuela a tus subpersonalidades, cuídalas y deja que recuperen la calma antes de que se conviertan en una bola de nieve incontrolable que te golpee cuando menos lo esperes.

A mí me gusta utilizar el tacto físico porque me ayuda a desplazar mi atención del pensamiento a algo tangible. Me saca de mi bucle mental. Por ejemplo, cuando me siento excluido o no querido, me acaricio el pulgar izquierdo para recordarle a mi niño interior que le quiero. Me ayuda a reducir el dolor emocional y hace que me sienta amado.

Es necesario observar y experimentar para encontrar el mejor punto para cada tipo de crítica. Por eso es tan importante sentir tu reacción en el paso 3. Te dice qué parte de tu cuerpo reacciona a tus pensamientos negativos. Anteriormente, en el capítulo 7, mencioné que el lado izquierdo de mi cabeza reacciona cuando pienso demasiado. Por eso, si mi mente se vuelve demasiado parlanchina, toco al instante el lado izquierdo de mi cabeza y digo: «Vale, te escucho. Entiendo lo que intentas decirme. Pero ya es hora de parar. Continuemos otro día». Este truco me ayuda a silenciar mi mente. Funciona de maravilla y lo utilizo a menudo cuando mi mente está demasiado activa y no puedo dormir.

3. Incorpora a tu vida lo que has aprendido

Después de identificar el mensaje en el paso 4, puedes crear una nueva rutina cotidiana para trabajar en los problemas que has descubierto y mejorar tu vida.

Por ejemplo, si tu crítico interior te reprende a menudo por llegar tarde y sabes que la puntualidad es algo que puedes mejorar, quizá puedas planificar por adelantado cuándo salir de casa cada mañana, o puedes añadir un margen de 15 minutos de antelación cada vez que salgas para ir a algún sitio. Convertir esto en un hábito diario reducirá la necesidad de que tu crítico interior te regañe.

En mi caso, a mi crítico interior no le gustaba que hiciera poco ejercicio y que no leyera por la noche. En lugar de dar a mi crítico interior la oportunidad de castigarme, empecé a levantarme más temprano para hacer mis ejercicios y leer antes de empezar el día propiamente dicho. Al hacer esto, el crítico interior dejó de preguntarme por qué no hacía lo que había sugerido.

Por supuesto, no tienes que hacer o estar de acuerdo con todo lo que te dice tu crítico interior. Pero si sabes que es apropiado y no lo haces, entonces no has escuchado realmente el mensaje. Es como si estuvieras escuchando para quitarte de encima al crítico interior y no te importara realmente lo que éste tiene que decirte. Escuchar es sólo una parte del trabajo; la otra parte es pasar a la acción. Cuando haces lo que te dice, respetas las percepciones que has recibido.

Persiste aunque fracases

El Dr. Wayne Dyer dice en su libro *Caminos de sabiduría:*[12] «Si tropiezas, no significa que seas menos valioso. Significa que tienes algo que aprender al tropezar». Adoptar el hábito de la incredulidad es igual que adoptar cualquier otro hábito. No sólo se necesita una buena estrategia, sino que también se necesita tiempo para acostumbrarse e incorporarlo a nuestra vida.

Estos son algunos consejos que pueden ayudarte a avanzar y facilitar la creación de nuevos hábitos.

1. Utiliza recordatorios

No te avergüences ni subestimes la importancia de utilizar recordatorios. Tanto si estás empezando como si llevas mucho tiempo practicando un hábito, tener recordatorios es una gran ayuda. Tener un recordatorio no es una señal de que no lo estás haciendo bien. Incluso los monjes budistas utilizan una campana de *mindfulness* para recordar cosas; es parte de su entrenamiento y de su práctica. Además, tanto el olvido como el recuerdo forman parte del proceso de aprendizaje. No puedes vivir sin ninguno de los dos.

---

12. Debolsillo, Barcelona, 2019.

Me gusta apuntar mi hábito, paso a paso, en un papelito para poder llevarlo a todas partes y consultarlo cuando se me olvida lo que tengo que hacer a continuación. También puedes pegar notas por diferentes lugares de tu casa para recordar que debes prestar atención. Si es la primera vez que desarrollas un hábito, escribir los pasos evitará que se te olvide lo que debes hacer a continuación.

Como ya he mencionado, también puedes vincular tu nuevo hábito a tus disparadores de autocrítica. Esto te recordará que debes poner en marcha el hábito de la incredulidad. Otra forma de hacerlo es vincularlo a tus rutinas diarias. Hay ciertas acciones que realizamos a diario sin falta, como lavarnos los dientes o cenar. Realizar los nuevos hábitos justo después de estas costumbres cotidianas reducirá las posibilidades de olvidarnos de hacer también nuestras rutinas de *mindfulness*.

2. Divide cada paso en otros más pequeños

Los pasos de este libro son amplios porque así me resulta más fácil transmitir el mensaje. Pero puedes desglosarlos en acciones más pequeñas para que, cuando leas tus notas, sepas exactamente qué hacer a continuación. Por ejemplo, cuando seas consciente de tus pensamientos negativos, puedes añadir un subpaso: mirar tus notas. Cuando no creas en tus pensamientos, puedes incluir un paso para preguntarte si el pensamiento es cierto o no.

Desglosar los pasos proporciona claridad y es más probable que no te saltes ninguno porque así son más específicos y más fáciles de hacer. Cualquiera puede mirar su lista de pasos cuando tiene una duda; no requiere mucho esfuerzo. Pero si sólo te dijera que no creas en tus pensamientos, posiblemente no sabrías por dónde empezar o cómo hacerlo.

Al final de este libro, encontrarás un resumen de los pasos y los subpasos. Puedes utilizarlo como referencia o punto de partida para construir tu propio plan.

3. Permítete las imperfecciones

Es posible que dejes de tener un diálogo interno negativo durante un tiempo, y que un día te des cuenta de que vuelve a machacarte y a hacer que reacciones inconscientemente. Ten en cuenta que esto es normal. No tienes que buscar la perfección.

La mayoría de nosotros fluctúa entre nuevos y viejos hábitos. Ponemos en práctica nuestros nuevos hábitos durante tres días seguidos y luego, al cuarto día, puede que nos olvidemos totalmente de ellos y volvamos a hacer lo que hacíamos antes. La conciencia siempre está ahí, pero puede que no la reconozcamos todo el tiempo. Habrá momentos en los que nos olvidemos.

En lugar de castigarte por fallar, acepta tus errores y sigue adelante. Adoptar un nuevo hábito no se mide por cuántas veces has hecho algo o cuántas veces has fallado. El hábito es un proceso interminable que requiere que sigas haciendo algo de forma constante, fuese cual fuese tu fuerza de voluntad en el pasado. Así que tómatelo con calma y no te desanimes; no se trata de alcanzar una meta.

Además, el cambio requiere tiempo. ¿Cuánto tiempo llevas hablándote negativamente a ti mismo? ¿Cinco años? ¿Diez años? ¿Veinte años? No te rindas si sólo llevas una semana o un mes intentando cambiar este hábito.

4. Celebra tu éxito

La mayoría de las personas son conscientes de cuando fracasan, pero no lo son tanto cuando tienen éxito. A la mente le encanta detectar problemas y, cuando los encuentra, nos vemos fácilmente arrastrados por el drama. Pero cuando no hay ningún problema, tendemos a no prestar atención. ¿Cuándo fue la última vez que sentiste que tu mente estaba tranquila?

Dudar de nuestros pensamientos y ser conscientes de ello es algo natural para nosotros. Cuando estaba en el río preguntándome si me iba a tirar, de repente dudé de mis pensamientos suicidas y desperté de mi drama. Sucedió de forma espontánea. Ni siquiera estaba pensando en que debía tomar conciencia.

En lugar de ser conscientes por casualidad, cuando lo incluimos en nuestra rutina hacemos que la atención plena sea intencional.

Cuando reconozcas estos raros momentos de *mindfulness* (los que ocurren por casualidad), celébralo y presta atención a la paz que hay en tu interior. Tu mente recordará este momento, con todos sus sentimientos y sensaciones, y lo almacenará dentro de tu cerebro para futuras referencias.

5. Repite el plan con regularidad

Repetir el plan con regularidad tiene dos objetivos. Uno es mantenerlo fresco y el otro es mejorarlo.

Cuando sigues haciendo tu rutina, ésta puede debilitarse y perder su eficacia. A veces, hay que agitarla un poco. Lo más probable es que los pasos generales sigan siendo los mismos, pero puedes cambiar los pasos secundarios. Digamos que utilizas el despertador para ayudarte a ser consciente de tus pensamientos. Funciona durante una temporada. Pero después de un tiempo, empiezas a ignorar la alarma porque estás demasiado ocupado con lo que estás haciendo. Si este es el caso, es hora de cambiar de plan. Cuando te acostumbras demasiado a ignorar tu hábito, necesitas algo nuevo para reiniciarlo.

Tal vez puedas cambiar la alarma por una campana de *mindfulness*. Tal vez puedas activar una alarma en el ordenador para que te avise en lugar de tu teléfono móvil, o puedes cambiar los intervalos entre los timbres de la alarma, haciéndolos más largos para tener más tiempo para concentrarte en tu trabajo. Incluso puedes prescindir de la alarma y utilizar otra forma de recordatorio, o simplemente hacer un repaso al final del día.

Yo suelo cambiar de hábito cada cuatro meses. No hace falta que hagas grandes cambios en tu rutina; basta con añadir lo que funciona y eliminar los pasos que no funcionan. Tus hábitos irán cambiando a medida que vayas creciendo.

Palabras finales

La autocrítica es un hábito que puede cambiarse tomando conciencia de tus reacciones. Aunque no tengas control sobre todos tus pensamientos, tienes la libertad de elegir si los crees o no.

Enemistarte con tu mente no ayuda. En lugar de luchar contra tu crítico interior, sé amable con él y muéstrale compasión. Recuerda que su función es crear una historia a partir de la información que se le da. Todo lo que tienes que hacer es distanciar tu verdadero yo de tu mente y crear un espacio entre tú y ella.

Pensar habitualmente de forma poco saludable es el resultado de condicionamientos pasados que se han convertido en parte de tu mecanismo de protección. No es fácil cambiar este sistema de la noche a la mañana. Ten paciencia. Guía tu mente lenta y suavemente hacia la paz. Cuando se resista a ti, no la presiones. Cuando no consigas guiarla hacia la paz, perdónate a ti mismo. Todos los días tienes la oportunidad de elegir. Aunque hoy no aciertes, mañana podrás volver a elegir.

En la página siguiente encontrarás un resumen del proceso de descreimiento.

Te deseo paz y armonía. Buena suerte.

Resumen del proceso de descreimiento

Paso n.° 1: Sé consciente de tus pensamientos

- Utiliza una alarma para revisar tus pensamientos regularmente.
- Establece una intención clara y una sola tarea.
- Escucha y anota sus pensamientos.
- Repasa tu día cada noche.

Paso n.° 2: Descreer todos los pensamientos

- Escucha tus pensamientos, pero mantén la distancia entre ellos y tu verdadero yo.
- Pregúntate a ti mismo: «¿Es cierto este pensamiento?»
- Ten en cuenta que todos los adjetivos que utilizas sobre ti son un juicio o una opinión; no son la verdad.

- Sé consciente de las palabras que exageran la situación, como «debería», «siempre» y «todo el mundo».

Paso n.° 3: Observa tus reacciones

- Busca un anclaje a algo tangible, como la respiración.
- Desde el primer momento, presta atención a cómo sientes tu cuerpo sin describir las sensaciones con palabras.
- Escribe tus reacciones cuando las sensaciones físicas hayan desaparecido.
- Identifica la autocrítica si no lo has hecho en el paso 1.
- Recopila las señales que desencadenan tu autocrítica.

Paso n.° 4: Identificar el mensaje

- Respeta a tu crítico interior, porque sólo está haciendo su trabajo.
- Averigua de qué intenta protegerte el crítico interior.
- Pregúntate: «¿Tiene mi pasado algo que ver con mi autocrítica?»
- Céntrate en el área que necesitas mejorar pidiéndole a tu crítico interior que utilice las palabras «podrías» en lugar de «deberías».

Paso n.º 5: Conviértelo en un hábito

- Diseña tu propio proceso de incredulidad utilizando este resumen como punto de partida.
- Desglosa los pasos y apúntalos en un papel que puedas llevar contigo.
- Coloca recordatorios en tu casa; por ejemplo, pon notas adhesivas.
- Añade el hábito de la incredulidad a tus rutinas cotidianas, si es posible.
- Permite las imperfecciones y celebra tu éxito.
- Revisa el plan cada cuatro meses con la nueva información que hayas obtenido.

Lecturas recomendadas

Dobelli, Rolf, *El arte de pensar: 52 errores de lógica que es mejor dejar que cometan otros*, B de Bolsillo, Barcelona, 2021.

Duhigg, Charles, *El poder de los hábitos: Por qué hacemos lo que hacemos en la vida y en el trabajo*, Vergara, Barcelona, 2019.

Earley, Jay y; Weiss, Bonnie, *Freedom from Your Inner Critic*, Sounds True, Boulder, Colorado, 2013.

Kahneman, Daniel, *Pensar rápido, pensar despacio*. Debolsillo, Barcelona, 2021.

Ruiz, Miguel; Ruiz, José; Mills, Janet, *El quinto acuerdo: Una guía práctica para la maestría personal*. Ediciones Urano, Barcelona, 2010.

Tres regalos para ti

La baja autoestima puede causar problemas en el trabajo, las relaciones y la salud mental. Después de mi episodio de depresión, me di cuenta de lo importante que es quererme a mí mismo. Así que he preparado estos tres regalos gratuitos para ti en mi página web nerdycreator.com (en inglés).

1. Cuestionario sobre amor propio

¿Te quieres incondicionalmente? ¿O eres demasiado duro contigo mismo? He creado este cuestionario para ayudarte a saber cuánto te quieres.

2. La luna redonda

Al ser introvertido, a veces me resultaba difícil encajar. Esta historia corta fue escrita para animarnos a abrazar nuestras diferencias y aceptarnos a nosotros mismos.

3. Proyecto de amor propio

Este proyecto es una recopilación de cuarenta y cuatro artículos sobre el amor propio que escribí durante un año. Incluye temas como:

- perdonarse a uno mismo
- establecer límites
- superar la autocrítica negativa
- dejar de lado las expectativas
- ser auténtico, y mucho más.

Si quieres recibir alguno de estos regalos de forma gratuita, descárgalos en:

https://www.nerdycreator.com/self-love-gifts/

Sobre el autor

Yong Kang Chan, más conocido como Nerdy Creator, es bloguero, instructor de *mindfulness* y profesor de matemáticas. Debido a su baja autoestima durante su infancia, ha leído muchos libros sobre crecimiento personal, psicología y espiritualidad.

Residente en Singapur, Yong Kang enseña matemáticas y contabilidad a sus alumnos. En su sitio web, escribe un blog sobre la autocompasión y la atención plena para ayudar a los introvertidos y a las personas con baja autoestima.

www.nerdycreator.com

Ecosistema
digital

Floqq
Complementa tu
lectura con un curso
o webinar y sigue
aprendiendo.
Floqq.com

Amabook
Accede a la compra de
todas nuestras novedades en
diferentes formatos: papel,
digital, audiolibro
y/o suscripción.
www.amabook.com

Redes sociales
Sigue toda nuestra
actividad. Facebook,
Twitter, YouTube,
Instagram.

EDICIONES URANO